MORALE ET PATRIE

LECTURES

A l'usage des Écoles primaires

PAR

A. MÉZIÈRES

Député,
Membre de l'Académie française
Professeur à la faculté des lettres de Paris

ET

CHARLES RINN

Agrégé de l'Université
Professeur au lycée Condorcet.

PARIS

LIBRAIRIE CH. DELAGRAVE

15, RUE SOUFFLOT, 15

—

A LA MÊME LIBRAIRIE

Le petit Paul, exercices d'invention et d'observation, illustrés d'un grand nombre de gravures et de dessins d'objets usuels par F. Reusse, directeur d'école communale à Paris, et J. Scalbert, professeur de dessin dans les écoles communales de Paris. In-12, cartonné. 1 20

Travaux manuels et Économie domestique, à l'usage des jeunes filles. Notions très simples sur l'hygiène, l'habitation, les soins du ménage, le blanchissage, le raccommodage et la confection des vêtements, la culture d'un jardin, la basse-cour, ouvrage rédigé conformément au programme officiel de 1882, par Mme G. Schéfer, inspectrice des écoles primaires de Paris, et S. Amis, directrice d'école communale à Paris. In-12, cart. . . . . 2 »

Le Livre d'histoires, récits scientifiques de l'oncle Paul à ses neveux, par J.-H. Fabre. Nouv. édition entièrement refondue. In-12, cart. 1 50

Le Ménage, causeries d'Aurore avec ses nièces sur l'économie domestique. Lectures courantes à l'usage des écoles de filles, nouvelle édition entièrement refondue, par le même, In-12 illustré, cartonné 1 50

— *Le même*, édition de luxe, br. 2 »

Premiers éléments de géométrie expérimentale par Paul Bert, professeur à la Faculté des Sciences de Paris, In-12 fig. cart. . . . . » »

Notions élémentaires d'agriculture et d'horticulture, ouvrage rédigé conformément au programme officiel du 27 juillet 1882. par O. Barot, professeur au lycée Louis-le-Grand. In-12 cart . . . . » 90

Histoire de France rédigée conformément aux programmes officiels du 27 juillet 1882, pour l'enseignement primaire, par R. Jallifier et H. Vast, professeurs au lycée Condorcet, ouvrage orné de gravures, costumes et cartes.

Cours élémentaire, *Récits et entretiens, sur l'Histoire nationale jusqu'à la guerre de Cent ans*. In-12, cartonné. . . . . » 75

Cours moyen, *Faits essentiels de l'Histoire de France depuis la guerre de Cent ans jusqu'à nos jours*. In-12, cart. 1 05

Les deux cours réunis, in-12, cartonné. 1 65

Cours supérieur, in-12, cart. . » »

Histoire de France, sommaires et récits, exercices oraux et écrits, devoirs pour le certificat d'études, avec des notes explicatives, des gravures historiques et des cartes dans le texte, rédigée conformément aux programmes officiels du 27 juillet 1882, par M. Louis Cons, agrégé de l'Université.

Cours élémentaire, in-12, cart. » 80

Cours moyen, in-12, cart 1 20

Cours supérieur, in-12, cart. . 1 80

Atlas scolaire, Cours complet de géographie (*Cours élémentaire, moyen et supérieur*). Rédigé conformément au programme officiel du 2 août 1882, par E. Levasseur, membre de l'Institut.

Livre de l'élève comprenant 73 cartes et plans et 65 illustrations intercalées dans le texte, 10 cartes muettes avec questionnaires pour les interrogations des résumés de chaque leçon placés à la fin du volume, des notions sur la géographie historique de la France, sur la lecture des cartes d'état-major et sur les principaux voyages de découvertes. In-4°, cartonné. 2 90

Livre du maître contenant 107 cartes et 109 illustrations intercalées dans le texte et reproduisant exactement le livre de l'élève avec une page en regard donnant pour le maître des développements, des *lectures géographiques pour être données en dictées d'orthographe*, des conseils, etc. 1 vol. in-4°, cart. . . . . 5 »

Sceaux. — Imprimerie Charaire et fils.

MORALE ET PATRIE

Coulommiers. — Imp. P. Brodard et Gallois

MORALE ET PATRIE

LECTURES

A l'usage des Écoles primaires

PAR

A. MÉZIÈRES

Député
Membre de l'Académie française
Professeur à la faculté des lettres de Paris

ET

CHARLES RINN

Agrégé de l'Université
Professeur au lycée Condorcet

PARIS
LIBRAIRIE CH. DELAGRAVE
15, RUE SOUFFLOT, 15

1885

AUX ÉCOLIERS DE FRANCE

O chers petits enfants de ce pays de France,
Fleurs par qui l'arbre existe et se voit rajeunir,
Doux comme un bien présent, beaux comme l'espérance,
O petits, qui portez tout le grand avenir!...

Nous nous disons : « Voici les fils de notre race,
Mais d'un cœur si nouveau, tellement innocent,
Qu'une fraîcheur d'air pur vient à qui les embrasse!...
Oh! s'ils restaient ainsi, purs, tout en grandissant!... »

O chers petits amis, vous qui croissez si vite,
Rappelez-vous du moins le rêve des aînés!
Humanité touchante encore blanche et petite,
Monte! Deviens très grand, peuple de nouveau-nés!

*Enfants, nous faiblissons! venez à la rescousse *!*
Vos aînés, les vaincus, vous disent en pleurant,
Votre mère en pleurant vous dit de sa voix douce :
« Petit peuple français, vite, au secours du grand! »

* Ce signe indique les mots expliqués au lexique.

— « *Et comment? nous n'avons que nos livres d'école;*
Nos cahiers griffonnés; la plume et l'encrier?... »
— *Que faut-il à l'oiseau? des ailes pour qu'il vole.*
Et que faut-il de plus qu'un livre à l'écolier?

Peuple des écoliers, qu'ennuie un peu ton livre,
Rien au monde n'est beau que notre rêve écrit.
Sache-le! sache encore que l'alphabet délivre,
Et que la force tombe où veut passer l'esprit!

Sache tenir, s'il faut, un sabre de bataille;
Mais studieux le soir, actif dès le matin,
Sache bien qu'un enfant qui veille et qui travaille
Prépare au monde entier sa gloire et son destin!

J. AICARD [1].

1. *La Chanson de l'enfant*, FISCHBACHER éditeur.

AVANT-PROPOS

Le présent volume est destiné à servir de complément au *Manuel d'éducation morale et civique*, publié en 1883, à la même librairie, par M. Mézières [1]. Il en est le commentaire vivant. Dans une série de lectures empruntées aux bons écrivains chaque règle de morale trouve ici sa confirmation.

Lorsque le maître aura exposé le précepte, lorsqu'il aura épuisé la série des exemples déjà nombreux que lui fournit l'ouvrage de M. Mézières, il lui sera utile de faire pénétrer davantage encore l'idée morale dans l'esprit de l'enfant par une lecture bien choisie.

Nous avons pensé que nous rendrions service aux instituteurs en leur offrant nous-mêmes un choix de morceaux qu'ils n'auraient pas toujours le temps de chercher dans un grand nombre d'ouvrages.

Pour faciliter leur tâche nous avons suivi rigoureusement l'ordre du *Manuel :* à chaque paragraphe

1. *Éducation morale et instruction civique*, à l'usage des écoles primaires, par A. Mézières (Paris, Delagrave).

correspond une série de lectures qui, en éveillant la curiosité de l'enfant, en s'adressant tantôt à son imagination, tantôt à son cœur, lui rendront successivement familières toutes les idées morales qui doivent lui servir de règles.

Avons-nous besoin de dire que notre choix a été fait avec le soin le plus scrupuleux, afin de ne froisser aucun sentiment, de ne blesser aucune conscience?

Nous entendons que l'enfant reste en dehors de la polémique des partis. Comme le précédent ouvrage, notre recueil peut pénétrer dans toutes les familles, être mis sans danger dans les mains de toute la jeunesse française.

PREMIÈRE PARTIE

MORALE

LIVRE PREMIER

L'ENFANT DANS LA FAMILLE, DANS L'ÉCOLE ET DANS LA PATRIE [1]

CHAPITRE PREMIER

LA FAMILLE

—

1. La famille.

Quand on vit ensemble, quand on s'aime les uns les autres, quand chacun aime les autres plus que soi, quand il est heureux de ce qui leur arrive de bien, malheureux de ce qui leur arrive de mal, quand il est prêt à les soigner s'ils ont besoin de lui, à les défendre si on les attaque, quand il aime mieux souffrir que de

1. Voir au lexique les mots marqués d'un astérisque.

les voir souffrir, et qu'on n'est tous ensemble qu'un seul cœur, alors c'est la famille [1].

BERSOT *.

EXERCICE.

Quels sentiments doivent unir entre eux les membres d'une même famille?

---

2. Une famille patriarcale.

J'étais l'aîné d'un grand nombre d'enfants : mon père, un peu rigide, mais bon par excellence, sous un air de rudesse et de sévérité, aimait sa femme avec idolâtrie; il avait bien raison. La plus digne des femmes, la plus intéressante, la plus aimable dans son état, c'était ma tendre mère. Je n'ai jamais conçu comment, avec la simple éducation de notre petit couvent de Bort *, elle s'était donné et tant d'agrément dans l'esprit, et tant d'élévation dans l'âme...

Mon père avait pour elle autant de vénération que d'amour. Il ne lui reprochait que son faible pour moi, et ce faible avait une excuse : j'étais le seul de ses enfants qu'elle eût nourri de son lait; sa trop faible santé ne lui avait plus permis de remplir un devoir si doux. Sa mère ne m'aimait pas moins; je crois encore la voir, cette bonne petite vieille : le charmant naturel! la douce et riante gaieté! Économe de la maison, elle présidait au ménage et nous donnait à tous l'exemple de la tendresse filiale, car elle avait aussi sa mère, et la mère de son mari, dont elle prenait le plus grand soin. Je date d'un peu loin en me souvenant de mes bisaïeules; mais je me souviens bien qu'à l'âge de

1. *Conseils d'enseignement,* HACHETTE éditeur.

quatre-vingts ans elles vivaient encore, buvant au coin du feu le petit coup de vin, et se rappelant le vieux temps, dont elles nous faisaient des contes merveilleux.

Ajoutez au ménage trois sœurs de mon aïeule et les sœurs de ma mère. C'était au milieu de ces femmes et d'un essaim d'enfants que mon père se trouvait seul : avec très peu de bien, tout cela subsistait. L'ordre, l'économie, le travail, un petit commerce, et surtout la frugalité, nous entretenaient dans l'aisance.

MARMONTEL *.

EXERCICES.

Pourquoi la mère de Marmontel avait-elle un faible pour lui? — De quelles personnes se compose la famille? — Quel est, dans la famille, le rôle du père? Quel est celui de la mère?

---

3. Mon père.

Une des choses qui m'aient fait le plus de plaisir, c'est le propos bourru que me tint un provincial, quelques années après la mort de mon père. Je traversais une des rues de ma ville ; il m'arrête par le bras et me dit : « Monsieur Diderot *, vous êtes bon ; mais, si vous croyez que vous vaudrez jamais votre père, vous vous trompez. » Je ne sais pas si les pères sont contents d'avoir des enfants qui valent mieux qu'eux ; mais moi, je le fus d'entendre dire que mon père valait mieux que moi. Je crois, et je croirai tant que je vivrai, que ce provincial m'a dit vrai.

DIDEROT.

EXERCICES.

Les réflexions de Diderot sont-elles d'un bon fils? — Que pensez-vous des enfants qui rougissent de la situation de leurs parents?

4. Sans mère.

Sa mère étant morte dès sa naissance, Thérèse n'imaginait pas, avant de me l'avoir entendu dire, qu'il fût si bon pour un petit enfant d'être attiré dans des bras maternels et longuement bercé. C'était ce que faisait ma mère quand nous étions seuls, l'hiver, mourant de froid. Dans ses alarmes pour ma santé, elle m'attirait aux coins les plus reculés, me blottissait contre elle, m'enveloppait, tant bien que mal, dans les plis de sa sèche robe d'indienne *, et, se penchant sur moi, me disait avec un accent qui toujours me tirait des larmes : « Va, je t'aime bien ! »

Elle me blottissait contre elle.

Et pourtant, si déshéritée qu'eût été mon enfance, il me semblait maintenant que je n'avais pas été le plus à plaindre. Les bonnes fêtes du cœur, dans la famille, à tout prendre, je les avais connues, tandis que Thérèse en avait toujours été privée. Jamais ni son père ni sa tante ne lui avaient dit cette parole de si grande douceur : « Va, nous t'aimons bien ! » Sa mélancolie habituelle la marquait de ce signe particulier qu'ont seuls les enfants sans mère : on ne les voit presque jamais rire, ou si tristement ! Plus qu'une autre, avec sa sensibilité exquise, la pauvre petite sentait son abandon.

MICHELET [1].

EXERCICES.

Comment appelle-t-on l'enfant qui n'a plus ni père ni mère? — Que faisait pour vous votre mère, quand vous étiez petits? — Pourquoi l'enfant qui n'a plus sa mère est-il à plaindre?

---

5. Le grand-père.

J'avais un grand-père qui était plein de bonté pour moi; c'était mon bonheur de causer avec lui, et quand il me disait qu'il avait vu M. de Voltaire * et *le philosophe de Genève* * (c'est ainsi qu'on appelait Jean-Jacques Rousseau *, au XVIIIe siècle); quand il me parlait du roi de Prusse *, c'est-à-dire de Frédéric II *, je l'écoutais avec une attention religieuse. Tous ces grands personnages, contemporains de mon aïeul, étaient vivants pour moi. Aujourd'hui, le XVIIIe siècle est mort pour tout le monde, mais pour moi, il m'est familier; il me semble que j'y ai vécu; j'en ai gardé la tradition, et j'affirmerais presque que j'ai connu le roi Louis XV *.

LABOULAYE [2].

EXERCICES.

Aimez-vous à causer avec vos grands-parents? — Que vous raconte votre grand-père?

1. *Ma jeunesse*, CALMANN LÉVY éditeur, 1884.
2. *Discours populaires*, CHARPENTIER éditeur.

---

6. La grand'mère.

Je la vois encore avec son modeste costume du pays, qu'elle ne voulut jamais quitter, sa taille légèrement courbée, sa démarche mesurée. Elle m'avait en particulière affection, et je le lui rendais; elle avait fait de moi son petit compagnon et je ne la quittais guère. Le soir, par exemple, aux longues veillées de l'hiver, près du foyer, la quenouille en main, elle m'avait à côté d'elle. Le printemps venu, et par les beaux jours qu'il amenait, elle m'associait aux visites qu'elle faisait à mes oncles, à mes tantes et à quelques amis, et alors, tout en cheminant dans ces sentiers fleuris ou ces fraîches grandes routes, que nous parcourions ensemble, le plus souvent à pied, elle donnait cette éducation de peu de mots, mais de beaucoup d'actions, qui est la plus profonde et la plus durable de toutes.

DAMIRON *.

EXERCICES.

Expliquer la dernière phrase. — Montrer comment la grand'mère de Marmontel (*Morceau* 2) l'instruisait aussi, par son exemple, de ses devoirs de fils.

---

7. La carpe et les carpillons.

« Prenez garde, mes fils, côtoyez moins le bord,
Suivez le fond de la rivière;
Craignez la ligne meurtrière,
Ou l'épervier plus dangereux encor. »
C'est ainsi que parlait une carpe de Seine *
A de jeunes poissons qui l'écoutaient à peine.

C'était au mois d'avril : les neiges, les glaçons
Fondus par les zéphyrs *, descendaient des montagnes;
Le fleuve enflé par eux s'élève à gros bouillons,

Il déborde dans les campagnes.

Et déborde dans les campagnes.
« Ah ! ah ! criaient les carpillons,
Qu'en dis-tu, carpe radoteuse?
Crains-tu pour nous les hameçons ?
Nous voilà citoyens de la mer orageuse :
Regarde; on ne voit plus que les eaux et le ciel;
Les arbres sont cachés sous l'onde;
Nous sommes les maîtres du monde;
C'est le déluge universel.
— Ne croyez pas cela, répond la vieille mère;
Pour que l'eau se retire, il ne faut qu'un instant;
Ne vous éloignez point, et, de peur d'accident,
Suivez, suivez toujours le fond de la rivière.
— Bah ! disent les poissons, tu répètes toujours
Même discours.
Adieu ! nous allons voir notre nouveau domaine. »
Parlant ainsi, nos étourdis
Sortent tous du lit de la Seine,

Et s'en vont dans les eaux qui couvrent le pays.
Qu'arriva-t-il ? Les eaux se retirèrent,
Et les carpillons demeurèrent ;
Bientôt ils furent pris
Et frits.

Pourquoi quittaient-ils la rivière ?
Pourquoi ? je le sais trop, hélas !
C'est qu'on se croit toujours plus sage que sa mère,
C'est qu'on veut sortir de sa sphère *,
C'est que... c'est que... Je ne finirais pas.

FLORIAN *.

EXERCICES.

Quel conseil la carpe donnait-elle aux carpillons ? — Pourquoi leur donnait-elle ce conseil ? — Qu'arriva-t-il aux carpillons ? — Pourquoi sont-ce les enfants qui doivent obéir aux parents, et non les parents qui doivent obéir aux enfants ?

8. Geneviève.

Notre père était trop pauvre pour donner une servante à ma mère, et j'étais trop petite pour faire toute seule le ménage. Les voisines venaient bien de bon cœur, quand je les priais, tirer pour nous le sceau du puits, mettre la grosse bûche au feu, et pendre la marmite à la crémaillère; mais ma mère et moi nous faisions tout le reste. Aussitôt que j'avais pu marcher seule dans la chambre, j'avais été la servante née de la maison, les pieds de ma mère, qui n'en avait plus d'autres que les miens. Ayant sans cesse besoin de quelque chose, qu'elle ne pouvait aller chercher au jardin, dans la cour, dans la chambre, au feu, sur l'évier, sur la table, sur un meuble, elle s'était accoutumée à se servir de moi avant l'âge, comme elle se serait servie d'une troisième main; et moi, j'étais fière, toute petite que j'étais, de me sentir nécessaire, utile, serviable comme une grande personne à la maison. Cela m'avait rendue attentive, mûre, sérieuse, raisonnable, avant l'âge de huit ans. Elle me disait : « Geneviève, il me faut cela, il me faut ceci; apporte-moi ta petite sœur Josette sur mon lit; remporte-la dans son berceau, et berce-la du bout de ton pied jusqu'à ce qu'elle dorme; va me chercher mon bas, ramasse mon peloton; va couper une salade au jardin, va au poulailler tâter s'il y a des œufs chauds dans le nid des poules, hache des choux pour faire la soupe à ton père, bats le beurre, mets du bois au feu; écume la marmite qui bout, jettes-y le sel; étends la nappe, rince les verres, descends à la cave, ouvre le robinet, remplis au tonneau la bouteille de vin. » Et puis, quand j'avais fini, qu'on avait dîné et que tout allait bien, elle me disait : « Apporte-moi ta robe, que je te pare, et tes beaux cheveux, que je les peigne. » Elle m'habillait, elle me parait, elle me peignait, elle m'embrassait, elle me disait : « Va t'amuser maintenant sur la porte avec les enfants des voisines, qu'ils voient que tu es aussi propre, aussi bien mise et aussi bien peignée qu'eux [1]. »

La petite sœur Josette.

LAMARTINE *.

EXERCICES.

Dites les services que Geneviève rendait à sa mère. — Quelle était sa récompense ? — Pourquoi seriez-vous fiers d'avoir une petite sœur telle que Geneviève ?

1. *Geneviève*, CALMANN LÉVY éditeur.

9. Un bon fils.

Le jardinier Le Nôtre *, qui a planté les jardins de Versailles *, de Meudon *, de Saint-Cloud * et des Tuileries *, mourut en 1700, après avoir vécu quatre-vingt-huit ans. Il avait une probité et une droiture qui le faisaient estimer et aimer de tout le monde. Jamais il ne sortit de son état et fut toujours parfaitement désintéressé. Il travaillait pour les particuliers comme pour le roi, et avec la même application. Il avait une naïveté charmante. Un mois avant sa mort, le roi, qui aimait à le voir et à le faire causer, le mena dans ses jardins, et, à cause de son grand âge, le fit monter dans une chaise * que des porteurs roulaient à côté de la sienne. Et Le Nôtre disait là : « Ah ! mon pauvre père, si tu vivais et que tu pusses voir un pauvre jardinier comme moi, ton fils, se promener en chaise à côté du plus grand roi du monde, rien ne manquerait à ta joie. »

SAINT-SIMON *.

EXERCICES.

Qu'est-ce qu'un homme désintéressé ? Comment Le Nôtre était-il désintéressé ? — De quel roi s'agit-il dans ce récit ? — Pourquoi Le Nôtre était-il un bon fils ? — Diderot n'était-il pas aussi un bon fils ? (*Morceau* 3).

---

10. Saint Jean Chrysostome et sa mère.

Chrysostome * avait été élevé dans la foi chrétienne par sa mère. Un ami, qui partageait et excitait sa foi, voulait l'entraîner dans un désert de la Syrie *, où quelques solitaires pratiquaient la pénitence. Ce projet ne fut combattu dans le cœur de Chrysostome que par la résistance et les regrets de sa mère. Il faut l'entendre lui-même raconter cette scène touchante.

« Lorsque ma mère, dit l'apôtre chrétien, eut appris ma résolution de me retirer dans la solitude, elle me prit par la main, me conduisit dans sa chambre, et, m'ayant fait asseoir auprès d'elle, elle se mit à pleurer et ensuite me dit des choses encore plus tristes que ses larmes : « Mon fils, ma seule consolation au milieu de mes misères a été de te voir sans cesse et de contempler dans tes traits l'image fidèle de mon mari qui n'est plus. Cette consolation a commencé dès ton enfance, lorsque tu ne savais pas encore parler, temps de la vie où les enfants donnent à leurs parents les plus grandes joies. Je ne te demande maintenant qu'une seule grâce : *ne me rends pas veuve une seconde fois;* ne ranime pas une douleur assoupie; attends au moins le jour de ma mort; peut-être me faudra-t-il bientôt sortir d'ici-bas. Quand tu m'auras ensevelie et réuni mes cendres à celles de ton père, entreprends alors de longs voyages, passe telle mer que tu voudras, personne ne t'en empêchera; mais, pendant que je respire encore, ne t'ennuie pas de vivre avec moi : n'attire pas sur toi l'indignation de Dieu en m'accablant de si grands maux sans avoir été offensé par moi. »

Chrysostome n'eut pas le courage d'affliger sa mère, et renonça au projet de s'éloigner d'elle [1].

D'après VILLEMAIN *.

EXERCICES.

Que la mère de Chrysostome voulait-elle dire par ces mots : *Ne me rends pas veuve une seconde fois?* — Quelle preuve donna Chrysostome de sa piété filiale? — Exposer, d'après les morceaux qui précèdent (7, 8, 9 et 10), les devoirs des enfants envers leurs parents.

1. *Éloquence chrétienne au* IVe *siècle,* DIDIER éditeur.

11. Les deux frères.

Jérusalem * était un champ labouré. Deux frères possédaient la partie de terrain où s'élève aujourd'hui le temple. L'un de ces frères était marié et avait plusieurs enfants; l'autre vivait seul. Ils cultivaient en commun le champ qu'ils avaient hérité de leur mère. Le temps de la moisson venu, les deux frères lièrent leurs gerbes et en firent deux tas égaux, qu'ils laissèrent sur le champ. Pendant la nuit, celui des deux frères qui n'était pas marié eut une bonne pensée; il se dit à lui-même : « Mon frère a une femme et des enfants à nourrir; il n'est pas juste que ma part soit aussi forte que la sienne Allons! prenons dans mon tas quelques gerbes que j'ajouterai secrètement aux siennes; il ne s'en apercevra pas, et ne pourra ainsi refuser. » Et il fit comme il avait pensé. La même nuit, l'autre frère se réveilla et dit à sa femme : « Mon frère est jeune; il vit seul et sans compagne; il n'a personne pour l'assister dans son travail et pour le consoler dans ses fatigues; il n'est pas juste que nous prenions du champ commun autant

Ils se rencontrèrent portant chacun les gerbes...

de gerbes que lui. Levons-nous, allons, et portons secrètement à son tas un certain nombre de gerbes; il ne s'en apercevra pas demain, et ne pourra ainsi les refuser. » Et ils firent comme ils avaient pensé.

Le lendemain, chacun des deux frères se rendit au champ et fut bien surpris de voir que les deux tas étaient toujours pareils : ni l'un ni l'autre ne pouvait intérieurement se rendre compte de ce prodige.

Ils firent de même pendant plusieurs jours de suite; mais, comme chacun d'eux portait au tas de son frère le même nombre de gerbes, les tas demeuraient toujours égaux, jusqu'à ce qu'une nuit, tous deux s'étant mis en sentinelles pour approfondir la cause de ce miracle, ils se rencontrèrent, portant chacun les gerbes qu'ils se destinaient mutuellement.

LAMARTINE [1].

EXERCICES.

Lequel de ces deux frères vous paraît avoir eu les plus justes motifs de venir en aide à l'autre? — Que pensez-vous que firent les deux frères, la nuit où ils se rencontrèrent dans le champ, portant les gerbes qu'ils se destinaient mutuellement? — Pourquoi est-on heureux d'avoir des frères et des sœurs?

---

12. Le meilleur fils.

Un fameux négociant de Babylone * était mort aux Indes *; il avait fait héritiers ses deux fils par portions égales, après avoir marié leur sœur, et il laissait un présent de trente mille pièces d'or à celui de ses deux fils qui serait jugé l'aimer davantage. L'aîné lui bâtit un tombeau; le second augmenta d'une partie de son héritage la dot de sa sœur. Chacun disait : « C'est l'aîné « qui aime le mieux son père; le cadet aime sa sœur : « c'est à l'aîné qu'appartiennent les trente mille

1. *Voyage en Orient*, HACHETTE éditeur.

« pièces. » Zadig * les fit venir tous deux l'un après l'autre. Il dit à l'aîné : « Votre père n'est point mort; « il est guéri de sa dernière maladie, il revient à « Babylone. — Dieu soit loué! répondit le jeune homme, « mais voilà un tombeau qui m'a coûté bien cher! » Zadig dit ensuite la même chose au cadet. « — Dieu « soit loué! répondit-il, je vais rendre à mon père tout « ce que j'ai; mais je voudrais qu'il laissât à ma sœur « ce que je lui ai donné. — Vous ne rendrez rien, dit « Zadig, et vous aurez les trente mille pièces; c'est « vous qui aimez le mieux votre père. »

VOLTAIRE *.

EXERCICES.

Pourquoi Zadig dit-il au cadet que *c'était lui qui aimait le mieux son père?* — Pourquoi devons-nous *aimer* nos parents. — Comment appelle-t-on le fils qui n'aime pas ses parents?

13. La jeunesse de Sedaine *.

Le 4 juillet 1719 était né à Paris Michel-Jean Sedaine, fils de l'un des architectes les plus honorés de la ville.

Il se met à tailler la pierre.

Sa famille, heureuse et estimée, lui faisait faire de sérieuses études. Il avait à peine treize ans lorsque son père fut tout à coup ruiné, et, s'étant réfugié au fond du Berry *, où il avait emmené ses enfants, y mourut en peu de temps, dévoré par une tristesse profonde. Le pauvre petit

Sedaine, resté seul avec son plus jeune frère, le prend par la main et se met en route pour Paris. Sa mère y était retirée dans une abbaye. Il veut l'aller rejoindre. Il avait alors pour tout bien dix-huit francs; il les emploie à payer la place de son frère dans la lourde diligence de ce temps, lui donne sa veste parce qu'il fait froid et suit la voiture à pied. Quelquefois les voyageurs font monter sur le siège du conducteur ce petit père de famille de treize ans, et il arrive ainsi à Paris. C'est là, c'est alors qu'il reprend par la base le métier de son père et se met vaillamment à tailler la pierre, aidant ainsi à la subsistance de sa mère et à l'éducation de ses jeunes frères.

A. DE VIGNY [1].

EXERCICES.

Les frères et sœurs ont-ils des devoirs entre eux ? Quels sont les principaux ? — Quelles sont les obligations du frère aîné, quand la mort vient à priver la famille de son chef? Sedaine avait-il bien compris ces obligations?

---

14. Belle parole de Dupin aîné *.

« Le seul avantage de mon droit d'aînesse, c'est « d'avoir pu aimer mes frères un peu plus tôt. »

EXERCICES.

Qu'était-ce autrefois que le *droit d'aînesse*? — Expliquer le sens du mot de Dupin.

---

15. Maximes et conseils.

Rien n'est si contagieux que l'exemple, et nous ne faisons jamais de grands biens ni de grands maux qui n'en produisent de semblables.

LA ROCHEFOUCAULD *.

1. *De la propriété littéraire*, CALMANN LÉVY éditeur.

Il y a de mauvais exemples qui sont pires que des crimes.

MONTESQUIEU *.

Si vous ne devez jamais donner à vos frères de mauvais conseils, ayez soin aussi de mettre une très grande discrétion dans les avertissements que vous leur adresserez, surtout si la différence d'âge n'est pas très marquée. Ils se lasseraient, à la fin, de vous entendre citer comme un modèle à suivre pour eux. Que vos actions, non vos paroles, leur servent de leçons! Un conseil peut blesser, un exemple n'offense jamais.

A. FILON *.

EXERCICES.

Qu'est-ce que *donner l'exemple?* — Pourquoi Montesquieu dit-il qu'*il y a de mauvais exemples qui sont pires que des crimes?* — A qui, dans une famille, appartient-il de donner l'exemple ?

---

16. Il faut traiter humainement les serviteurs.

« J'ai été bien aise d'apprendre, par ceux qui viennent d'auprès de vous, que vous vivez familièrement avec vos serviteurs. On dira: Quoi? ce sont des esclaves! — Mais ils sont hommes; ils ont la même origine que nous; ils jouissent du même ciel, respirent le même air, vivent et meurent comme nous. La condition à laquelle ils sont réduits peut être la vôtre demain. Vivez donc avec votre inférieur comme vous voudriez que votre supérieur vécût avec vous. Faites que vos esclaves vous honorent plus qu'ils ne vous craignent. »

SÉNÈQUE *.

EXERCICES.

Montrer que les serviteurs sont nos semblables. — Comment expliquez-vous que la condition à laquelle nos serviteurs sont réduits *puisse être la nôtre demain?* Quelle conclusion faut-il tirer de là?

---

17. Devoirs envers les serviteurs.

Accoutumez-vous à montrer de la bonté pour vos domestiques; il faut les regarder comme des amis malheureux; songez que vous ne devez qu'au hasard l'extrême différence qu'il y a de vous à eux; ne leur faites point sentir leur état; n'appesantissez pas leurs peines; tempérez le sérieux qui vous convient comme maître, par la douceur et l'affabilité envers ceux qui vous servent; souvenez-vous toujours que, comme hommes, ils vous sont égaux, et qu'il n'y a point de proportion entre le salaire, même le plus fort, et la dure nécessité dans laquelle se trouve celui qui rend à son semblable les offices de serviteur. Presque toujours les mauvais maîtres font les mauvais serviteurs.

Sommes-nous en droit de vouloir nos domestiques sans défauts, nous qui leur en montrons tous les jours? Il faut en souffrir : quand vous leur montrez de l'humeur, de la colère, ne vous ôtez-vous pas le droit de les reprendre?

Mme DE LAMBERT *.

EXERCICES.

Quels sont nos principaux devoirs envers les serviteurs? — Expliquer comment *les mauv[illegible] maîtres font les mauvais serviteurs.*

---

18. Un bon maître.

Ma pauvre bonne voit assez pour se promener dans ma chambre et dans mon logement. Elle regarde tout avec attention, pour interroger ses yeux sur l'état de sa pauvre vue. Elle conserve toujours quelque espérance de la recouvrer; mais les réponses de M. Texier, très habile chirurgien, ne m'en laissent aucune pour elle, et je lui tairai son malheur jusqu'à ce que la triste vérité vienne la détromper. Ce qui dépend de moi, c'est d'avoir soin d'elle, c'est de la garder près de moi dans sa pauvreté, dans sa vieillesse et dans sa cécité; mais ce sera le plus doux charme de ma solitude de voir cette respectable et pieuse fille aller, venir, tourner autour de la table de mon travail, son bâton à la main, bénissant Dieu des secours que je lui donne, et essuyant quelques larmes de ses yeux qui ne verront plus.

DUCIS *.

EXERCICES.

Raconter ce que Ducis faisait pour sa vieille bonne. — Exposer en quoi Ducis se montre un bon maître.

---

19. Un bon serviteur.

« Morbleu ! lui dis-je un jour, c'est pour la troisième fois que je vous ordonne de m'acheter une brosse. Quelle tête ! quel animal ! » Il ne répondit pas un mot : il n'avait rien répondu, la veille, à une pareille incartade *; *il est si exact*, disais-je; je n'y concevais rien. « Allez chercher un linge pour nettoyer mes souliers, » lui dis-je en colère. Pendant qu'il allait, je me repentais de l'avoir ainsi brusqué. Mon courroux passa tout à fait, lorsque je vis le soin avec lequel il tâchait d'ôter la poussière de mes souliers, sans toucher à mes bas; j'appuyai ma main sur lui, en signe de réconciliation. « Quoi ! dis-je alors en moi-même, il y a donc des hommes qui décrottent les souliers des autres pour de l'argent ? » Ce mot d'*argent* fut un trait de lumière qui vint m'éclairer. Je me ressouvins tout à coup qu'il y avait longtemps que je n'en avais point donné à mon domestique. « *Joanetti*, lui dis-je, en retirant mon pied, avez-vous de l'argent? » Un demi-sourire de satisfaction parut sur ses lèvres à cette demande. « Non, monsieur, il y a huit jours que je n'ai pas un sou; j'ai dépensé tout ce qui m'appartenait pour vos petites emplettes. — Et la brosse? C'est sans doute pour cela?... » Il sourit encore. Il aurait pu dire à son maître : « Non je ne suis pas une tête vide, un *animal*, comme vous avez eu la cruauté de le dire à votre fidèle serviteur. Payez-moi 23 livres *, 10 sous, 4 deniers *, que vous me devez, et je vous achèterai votre brosse. » Il se laissa maltraiter injustement plutôt que d'exposer son maître à rougir de sa colère. Que le ciel le bénisse!

Avez-vous de l'argent?

« Tiens, *Joanetti*, lui dis-je, tiens, cours acheter la brosse. — Mais, monsieur, voulez-vous rester ainsi avec un soulier blanc et l'autre noir? — Va, te dis-je, acheter la brosse; laisse, laisse cette poussière sur mon soulier. » Il sortit; je pris le linge, et je nettoyai délicieusement mon soulier gauche sur lequel je laissai tomber une larme de repentir.

XAVIER DE MAISTRE *.

EXERCICES.

Montrer pourquoi Joanetti était un bon serviteur. — En quoi Xavier de Maistre avait-il manqué à ce qu'on doit à ses serviteurs? — N'y a-t-il pas, dans ce récit, un trait qui montre qu'au fond ce n'était pas un méchant maître?

CHAPITRE II

L'ÉCOLE

1. L'école.

Dans un village, au bord du chemin, sur un banc,
Grave sous sa pelisse et son haut bonnet blanc,
Une vieille, qui rêve au soleil, est assise.
Auprès d'elle une enfant l'examine, indécise,
Et semble ruminer, au fond de son cerveau,
Quelque dessein profond, téméraire et nouveau.
Elle vire * à l'entour, se consulte, s'arrête,
Hésite encore; enfin, hochant sa jeune tête,
Elle avance, et, d'un air assuré, bravement,
La tirant par la manche et par le vêtement :
« Grand'mère, lève-toi !
— Que me veux-tu, petite?
Dit l'aïeule, et pourquoi me lever?
— Allons, vite!
Reprit l'enfant, je veux t'emmener : il est tard! »
La vieille sur l'enfant fixa son clair regard,
Et sourit : « Où veux-tu me conduire?
— A l'école!
— A l'école !
— Oui, c'est dit. Tous les jours.
— Es-tu folle?
Que veux-tu que j'y fasse à mon âge? on dirait
Que je tombe en enfance, et l'on se moquerait!
Veux-tu qu'à mes dépens chacun s'en vienne rire? »
Mais l'enfant : « Non; suis-moi. Je veux t'apprendre à lire.

Je sais déjà, grand'mère, et ce n'est pas bien long.
Je le veux. Viens. L'école est tout près. Pourquoi donc
Les vieux n'y vont-ils pas, puisque c'est pour apprendre? »
La femme regarda l'enfant sans la comprendre.
Celle-ci tiraillait l'aïeule par le bras :
« On épelle d'abord les lettres, tu verras,
Sur de grands tableaux noirs, pendus à la muraille ;
Puis...
— Mais je ne ferai, mon enfant, rien qui vaille,
La mémoire me manque, et je n'ai plus mes yeux.
Tu ne songes donc pas qu'ils se font déjà vieux?
Pour tricoter tes bas, j'ai besoin de lunettes,
Et mes conceptions * ne sont plus assez nettes!
Ce qu'on dit aujourd'hui, je l'oublierai demain.
— Je ne t'ai jamais vu de livre dans la main,
Grand'mère! sur ton banc, sans rien faire et rien dire,
Tu restes tout le jour, tristement. Il faut lire!
Le livre que je lis comme à moi te plaira;
Et, si tu veux dormir, cela t'endormira!
Tu pourras suivre aussi la messe, le dimanche,
Dans le vieux paroissien que j'ai vu sur la planche;
Et, quand on lira haut, toi, tu liras tout bas.
Enfin, c'est mon idée, et l'on ne rira pas. »
Et l'enfant, obstinée à sa sainte chimère *,
Sans vouloir de raisons, répétait: « Viens, grand'mère. »
Et, tandis qu'une main l'attirait, l'autre main
Montrait d'un geste ardent et sacré le chemin!

EUGÈNE MANUEL [1].

EXERCICES.

Pourquoi l'enfant voulait-elle emmener sa grand'mère à l'école? — Quelles raisons lui donnait celle-ci pour ne pas la suivre? — A quoi sert de savoir lire?

1. *Poèmes populaires,* CALMANN LÉVY éditeur.

2. L'enfance du général Drouot *.

Le jeune Drouot s'était senti poussé vers l'étude des lettres par un très précoce instinct. Agé de trois ans, il allait frapper à la porte des frères de la doctrine chrétienne, et comme on lui en refusait l'entrée, parce qu'il était encore trop jeune, il pleurait beaucoup. On le reçut enfin. Ses parents, témoins de son application toute volontaire, lui permirent, avec l'âge, de fréquenter des leçons plus élevées, mais sans lui rien épargner des devoirs et des gênes de leur maison. Rentré de l'école ou du collège, il lui fallait porter le pain chez les clients, se tenir dans la chambre publique avec tous les siens, et subir les inconvénients d'une perpétuelle distraction. Le soir, on éteignait la lumière de bonne heure par économie, et le pauvre écolier devenait ce qu'il pouvait; heureux lorsque la lune favorisait par un éclat plus vif la prolongation de sa veillée. On le voyait profiter ardemment de ces rares occasions. Dès les deux heures du matin, quelquefois plus tôt, il était debout; c'était le temps où le travail domestique recommençait à la lueur d'une seule et mauvaise lampe. Il reprenait aussi le

Il s'approchait du four enflammé.

sien; mais la lampe infidèle, éteinte avant le jour, ne tardait pas à lui manquer de nouveau; alors il s'approchait du four ouvert et enflammé, et continuait, à ce rude soleil, la lecture de Tite-Live * ou de César *.

Telle était cette enfance, dont la mémoire poursuivait le général Drouot jusque dans les splendeurs des Tuileries *.

LACORDAIRE *.

EXERCICES.

Racontez l'enfance du général Drouot. — Pourquoi le général eut-il plus de mérite à travailler ainsi, que bien d'autres? — Que prouve cette histoire?

---

3. L'école et le travail.

Le matin, aussitôt l'école finie, j'allais trouver la mère Balais dans notre baraque, sur la place; elle me demandait presque toujours : « Eh bien! Jean-Pierre, ça marche? » Et je répondais : « Oui! mais c'est dur tout de même. — Hé! faisait-elle, tout est dur dans ce monde. Si les pommes et les poires roulaient sur la grande route, on ne planterait pas d'arbres; si le pain venait dans notre poche, on ne retournerait pas la terre, on ne sèmerait pas le grain, on ne demanderait pas

On ne battrait pas en grange.

la pluie et le soleil, on ne faucillerait pas, on ne mettrait pas en gerbes, on ne battrait pas en grange, on ne vannerait pas, on ne porterait pas les sacs au moulin, on ne moudrait pas, on ne traînerait pas la farine chez le boulanger, on ne pétrirait pas, on ne ferait pas cuire :

2

ça serait bien commode, mais ça ne peut pas venir tout seul, il faut que les gens s'en mêlent. Tout ce qui pousse seul ne vaut rien, comme les chardons, les orties, les épines, et les herbes tranchantes au fond des marais. Et plus on prend de peine, mieux ça vaut; comme pour la vigne au milieu des pierrailles, sur les hauteurs, où l'on porte du fumier dans des hottes : c'est aussi bien dur, Jean-Pierre, mais le vin est aussi bien bon. Si tu voyais, en Espagne *, dans le midi de la France et le long du Rhin *, comme on travaille au soleil pour avoir du vin, tu dirais : « C'est encore bien heureux de rester assis à l'ombre, et d'apprendre quelque chose qui nous profitera toujours! Maintenant je te fais retourner et ensemencer par le père Vassereau [1], et plus tard, qui est-ce qui coupera le grain? Qui est-ce qui aura du pain sur la planche? C'est toi! Je fais cela parce que tu me plais [2], mais il faut en profiter. Je ne suis peut-être pas là pour longtemps. Profite, profite! » Ces choses m'attendrissaient, et je me donnais de la peine : j'aurais voulu tout savoir, pour réjouir la mère Balais.

ERCKMANN-CHATRIAN [3].

EXERCICES.

Démontrer que *le travail est un trésor.* — Qu'arriverait-il si aucun homme ne travaillait? — Quels sont les avantages de l'instruction et les inconvénients de l'ignorance?

---

4. Devoirs des écoliers.

La docilité, qui consiste à se laisser conduire, à bien recevoir les avis des maîtres et à les mettre en pratique,

1. L'instituteur.
2. Jean-Pierre, orphelin, avait été adopté par la mère Balais.
3. *Histoire d'un homme du peuple,* HETZEL éditeur.

est proprement la vertu des écoliers, comme celle des maîtres est de bien enseigner. L'une ne peut rien sans l'autre; et, comme il ne suffit pas qu'un laboureur répande de la semence, mais qu'il faut que la terre, après avoir ouvert son sein pour la recevoir, la couve pour ainsi dire, l'échauffe, l'entretienne et l'humecte, de même tout le fruit de l'instruction dépend de la parfaite correspondance du maître et du disciple.

La reconnaissance pour ceux qui ont travaillé à notre éducation fait le caractère d'un honnête homme et est

Il ne suffit pas de répandre la semence.

la marque d'un bon cœur. Sénèque * exhorte les jeunes gens à conserver toujours un grand respect pour leurs maîtres, aux soins desquels ils sont redevables de s'être corrigés de leurs défauts, et d'avoir pris des sentiments d'honneur et de probité.

Marc-Aurèle *, l'un des plus sages et des plus illustres empereurs qu'ait eus Rome *, remerciait les dieux de deux choses surtout : de ce qu'il avait eu pour lui-même d'excellents précepteurs, et de ce qu'il en avait trouvé de pareils pour ses enfants.

ROLLIN *.

EXERCICES.

Qu'est-ce que la docilité? — De quoi sommes-nous redevables à nos maîtres? — Quels sentiments devons-nous avoir pour eux? — Le mot de Marc-Aurèle ne vous rappelle-t-il pas un mot analogue d'Alexandre le Grand [1]?

1. Voir MÉZIÈRES, *Eléments d'instruction morale*, p. 29.

5. La petite camarade.

Un jour que j'étais en voyage,
Près de ce clos qu'un mur défend,
Je vis deux hommes du village
Qui portaient un cercueil d'enfant.

Une femme marchait derrière,
Qui pleurait, et disait tout bas
Une lente et triste prière,
Celle qu'on dit, lors d'un trépas.

Point de parents, point de famille!
Je ne vis, le long du chemin,
Qu'une pauvre petite fille
Cachant des larmes sous sa main.

Elle suivait la longue allée
Qui conduit au champ du repos,
Et paraissait bien désolée,
Et dévorait bien des sanglots.

Ainsi marchant, quand ils passèrent
Au pied de ce grand peuplier,
Ceux qui travaillaient s'arrêtèrent,
Et je les vis s'agenouiller,

Prier le ciel pour la jeune âme,
Faire le signe de la croix,
Et quand passa la pauvre femme
Se détourner tous à la fois!

Cependant, inclinant la tête,
Au cimetière on arriva.
Une fosse ouverte était prête;
Alors un homme dit: « C'est là. »

Et la fosse n'était plus vide,
On y poussa la terre... et puis,
Je ne vis plus qu'un tertre humide,
Avec une branche de buis.

Et comme la petite fille,
S'en allant, passa près de moi,
Je l'arrêtai par sa mantille * :
« Tu pleures, mon enfant; pourquoi?

— Monsieur, c'est que Julien, dit-elle,
Mon petit camarade est mort! »
Et voilant sa noire prunelle,
La pauvrette pleura plus fort.

DOVALLE [1].

EXERCICES.

Pourquoi la petite fille pleurait-elle? — Avons-nous des devoirs envers nos camarades? — Si nous en avons, quels sont-ils?

CHAPITRE III

LA PATRIE ET LA SOCIÉTÉ

1. La patrie.

La patrie, ce n'est pas seulement votre plaine ou votre coteau, la flèche de votre clocher, ou la cime de vos arbres, ou les chansons monotones de vos pâtres! La patrie, c'est la Picardie * pour les habitants de la Provence *; c'est la Bretagne * pour les montagnards du Jura *; c'est tout ce que notre vieille France contient de pays et de citoyens dans les vastes limites du Rhin *,

1. *Poésies*, CHARPENTIER éditeur.

des Pyrénées * et de l'Océan * ! La patrie, c'est ce qui parle notre langue, c'est ce qui fait battre nos cœurs, c'est l'unité de notre territoire et de notre indépendance; c'est la gloire de nos pères, c'est la communauté du nom français, c'est la grandeur de la liberté ! La

La patrie, ce n'est pas seulement votre plaine.

patrie, c'est l'azur de notre ciel, c'est le doux soleil qui nous éclaire, les beaux fleuves qui nous arrosent, les forêts qui nous ombragent et les terres fertiles qui s'étendent sous nos pas. La patrie, c'est tous nos concitoyens, grands ou petits, riches ou pauvres ! La patrie, c'est la nation que vous devez aimer, honorer, servir et défendre de toutes les facultés de votre intelligence, de toutes les forces de votre bras, de toute l'énergie et de tout l'amour de votre âme.

CORMENIN *.

EXERCICES.

Qu'est-ce que la patrie ? — Que devons-nous faire pour elle ? — Que sera la patrie pour un Anglais? pour un Suisse?

---

2. Le vrai patriote.

Pour aimer la patrie avec un sentiment véritablement élevé, nous devons commencer par lui donner en nous des citoyens dont elle n'ait pas à rougir et dont elle puisse même s'honorer. Il n'y a de bon patriote que l'homme vertueux, l'homme qui comprend, qui aime tous ses devoirs, et qui se fait une étude de les remplir. Il sait que dans toutes les sociétés il y a des abus, et il désire qu'on les corrige; mais il déteste les furieux qui voudraient les corriger par la rapine et de sanglantes vengeances, parce que, de tous les abus, ceux-ci sont les plus terribles et les plus funestes. Il ne provoque, il n'appelle aucune dissension civile. Il modère au contraire les exagérés, autant qu'il le peut, par son exemple et par ses discours. Toujours disposé à l'indulgence et à la paix, il ne cesse d'être agneau que lorsque la patrie en péril a besoin d'être défendue. Alors c'est un lion qui combat, triomphe ou meurt.

SILVIO PELLICO *.

EXERCICES.

Quel est le rôle du vrai patriote à l'égard des exagérés qui veulent tout bouleverser? — Que fait le vrai patriote quand la patrie est en danger? — Tracer, en prenant la contre-partie de ce morceau, un portrait du mauvais patriote.

---

3. Le parfait magistrat.

Les autres ne vivent que pour leurs plaisirs, pour leur fortune et pour eux-mêmes : le parfait magistrat ne vit que pour la République. Persuadé que l'état le plus heureux est celui dans lequel il se trouve, il met toute sa gloire à demeurer ferme et inébranlable dans le poste que la République lui a confié : content de lui obéir, c'est pour elle qu'il combat et non pas pour lui-même. C'est à elle à choisir la place dans laquelle elle veut recevoir ses services; il saura toujours la remplir dignement. Convaincu qu'il n'en est point qui ne soit glorieuse, du moment qu'elle a pour objet le salut de la patrie, il respecte son état et le rend respectable. Il transmet sa charge à ses successeurs plus illustre et plus éclatante qu'il ne l'a reçue de ceux qui l'ont précédé. Il sait qu'il n'a pas été revêtu du caractère sacré de magistrat pour plaire aux hommes, mais pour les servir et souvent malgré eux-mêmes ; que le zèle d'un bon citoyen doit aller jusqu'à négliger pour sa patrie le soin de sa propre réputation.

D'AGUESSEAU *.

EXERCICES.

Que signifie la phrase : *le parfait magistrat n'a pas été créé pour plaire aux hommes, mais pour les servir, et souvent malgré eux-mêmes?* — Que vous apprend ce morceau sur les qualités du bon citoyen.

4. Coriolan.

Coriolan, Romain illustre, mais plein d'orgueil, avait été exilé de sa patrie. Il se rendit chez les Volsques, peuple ennemi des Romains, et n'eut pas honte de les soulever, de les conduire contre sa ville natale qu'il vint assiéger. Alors sa mère, Véturie, et sa femme, Volumnie, qui étaient restées dans Rome, se rendirent à son camp pour le fléchir. En les voyant, Coriolan, éperdu, se leva pour se précipiter dans les bras de sa mère. Mais elle l'écarta du geste :

« Arrête, dit-elle ; avant de recevoir tes embrassements, je veux savoir si je parle à l'ennemi de Rome ou au fils de Véturie ; si je suis ici ta mère ou ta captive. Donc je n'ai traîné jusqu'ici ma longue vie et ma déplorable vieillesse, que pour avoir le douloureux spectacle et de l'exil de mon fils, et de sa haine contre sa patrie ? Tu as pu porter le fer et le feu sur cette terre qui t'a donné le jour et qui a nourri ton enfance ? Malgré la violence de tes ressentiments, comment tout ton courroux n'est-il pas tombé, en mettant le pied sur le sol natal ? Et au moment où tes yeux ont pu découvrir Rome, comment ne t'es-tu pas dit : *C'est là, c'est dans ces murs que sont mes pénates *, ma mère, ma femme et mes enfants.* Hélas ! si je n'avais pas été mère, Rome ne serait donc point assiégée ; si je n'avais point eu de fils, je serais morte libre dans ma patrie

libre. Quant à moi, quoi qu'il arrive, désormais mes malheurs ne peuvent jamais égaler ton opprobre ; et, fussent-ils au comble, du moins ils ne dureront pas longtemps. Ce sont ces malheureux enfants que je plains, eux qu'attend, si tu persistes, ou une mort prématurée, ou une longue servitude. » Sa femme et ses enfants se jetèrent ensuite dans ses bras, et dans le même moment, toute cette troupe de femmes ayant éclaté en sanglots, leurs désolations sur leur sort et sur celui de leur patrie brisèrent enfin ce cœur, tout inflexible qu'il était. Après avoir joui un instant des embrassements de sa famille, il les congédie, se retire, et va camper à quelque distance. Il ne tarda pas même à évacuer totalement le territoire de Rome, ce qui, dit-on, souleva contre lui les Volsques.

TITE-LIVE *.

EXERCICES.

Que pensez-vous de la conduite de Coriolan? — Que lui dit sa mère pour l'arrêter? — Pourquoi est-ce un crime de porter les armes contre son pays?

---

5. Serment prêté par les jeunes Athéniens * arrivés à l'âge d'homme.

Un orateur ancien nous a conservé le texte du serment qu'on faisait prêter aux jeunes Athéniens arrivés à l'âge d'homme. Le voici :

Je ne déshonorerai pas mes armes; je n'abandonnerai pas le compagnon, quel qu'il soit, dont je partagerai le poste. Je combattrai pour la défense des dieux et des hommes, soit seul, soit en troupe. Je ne transmettrai pas à mes enfants la patrie amoindrie, mais je la leur laisserai plus florissante et plus prospère que je ne l'aurai reçue. Je me soumettrai toujours aux décisions des juges. J'obéirai aux lois et aux coutumes établies, et à celles que le peuple établira d'un commun accord. Si quelqu'un veut abolir les lois, ou refuse de s'y soumettre, je ne le souffrirai pas, mais je les défendrai seul et avec tous les autres, et j'observerai la religion que nous ont transmise nos ancêtres. Je prends les dieux à témoin de ce serment.

EXERCICE.

Énumérer, d'après ce serment, les principaux devoirs du citoyen.

---

6. A ceux dont la patrie est envahie.

Que le moindre clocher sonne le glas * d'alarmes;
Que chacun sous son toit se dresse avec ses armes;
Que tout hameau lointain, vierge de l'étranger,
Coure au-devant du flot qui nous veut submerger;
. . . .
Que tout homme jaloux d'une sœur, d'une femme,
Ayant à lui son champ et sa fierté dans l'âme;
Que tout chef d'une race, et tout enfant pieux
Qui sait sous quel gazon reposent ses aïeux,
Jurant de recouvrer cette place usurpée,
Frappe un coup de sa faux, s'il manque d'une épée,
Et certes nous verrons ces torrents d'ennemis
Des villes et des bourgs promptement revomis,
Et nous redeviendrons, d'insultés que nous sommes,
Libres, maîtres chez nous, comme il sied à des hommes.

De Laprade [1].

Exercices.

Quand la patrie est envahie, que doit-on faire? — Énumérer tout ce que défend celui qui défend sa patrie.

---

7. L'exilé.

On dit qu'un Français, obligé de fuir pendant la Terreur *, avait acheté, de quelques deniers * qui lui restaient, une barque sur le Rhin *; il s'y était logé avec sa femme et ses deux enfants. N'ayant point d'argent, il n'y avait point pour lui d'hospitalité. Quand on le chassait d'un rivage, il passait, sans se plaindre, à

1. Didier éditeur.

l'autre bord; souvent poursuivi sur les deux rives, il était obligé de jeter l'ancre au milieu du fleuve. Il pêchait pour nourrir sa famille; mais les hommes lui disputaient encore les secours de la Providence. La nuit, il allait cueillir des herbes sèches pour faire un peu de feu, et sa femme demeurait dans de mortelles angoisses jusqu'à son retour. Obligée de se faire sauvage entre quatre nations civilisées, cette famille n'avait pas sur le globe un seul coin de terre où elle osât mettre le pied : toute sa consolation était, en errant dans le voisinage de la France, de respirer quelquefois un air qui avait passé sur son pays.

CHATEAUBRIAND *.

EXERCICES.

Un écrivain contemporain a dit : *l'exilé partout est seul*. Montrer le sens et la vérité de cette parole. — Pourquoi l'exil est-il une souffrance pour ceux qui en sont frappés?

---

8. Les hirondelles.

Captif au rivage du Maure,
Un guerrier courbé sous ses fers
Disait : « Je vous revois encore,
Oiseaux ennemis des hivers,
Hirondelles, que l'espérance
Suit jusqu'en ces brûlants climats.
Sans doute vous quittez la France :
De mon pays ne me parlez-vous pas ?

Depuis trois ans, je vous conjure
De m'apporter un souvenir
Du vallon, où ma vie obscure
Se berçait d'un doux avenir.

Au détour d'une eau qui chemine
A flots purs sous de frais lilas,
Vous avez vu notre chaumine * :
De ce vallon ne me parlez-vous pas?

L'une de vous, peut-être, est née
Au toit où j'ai reçu le jour.
Là, d'une mère infortunée
Vous avez dû plaindre l'amour.
Mourante, elle croit à toute heure
Entendre le bruit de mes pas.
Elle écoute, puis elle pleure,
De son amour ne me parlez-vous pas?

Ma sœur est-elle mariée?
Avez-vous vu de nos garçons
La foule, aux noces conviée,
La célébrer dans leurs chansons?
Et ces compagnons du jeune âge,
Qui m'ont suivi dans les combats,
Ont-ils revu tous le village?
De tant d'amis ne me parlez-vous pas?

Sur leur corps l'étranger peut-être
Du vallon reprend le chemin;
Sous mon chaume il commande en maître,
De ma sœur il trouble l'hymen.
Pour moi plus de mère qui prie,
Et pa 'out des fers ici-bas.
Hirondelles de ma patrie,
De ses malheurs ne me parlez-vous pas?

BÉRANGER [1].

EXERCICES.

A quoi pensait le pauvre prisonnier, loin de sa patrie? — Pourquoi s'adresse-t-il aux hirondelles plutôt qu'à d'autres oiseaux?

1. *Chansons*, GARNIER éditeur.

9. Le retour dans la patrie.

Lorsque j'arrivai en France sur un vaisseau qui venait des Indes *, je me rappelle que les matelots, en vue de la patrie, devinrent pour la plupart incapables d'aucune manœuvre. Les uns la regardaient sans pouvoir en détourner les yeux : d'autres mettaient leurs beaux habits, comme s'ils avaient été au moment de descendre; il y en avait qui parlaient tout seuls et d'autres qui pleuraient. A mesure que nous approchions, le trouble de leurs têtes augmentait; comme ils en étaient absents depuis plusieurs années, ils ne pouvaient se lasser d'admirer la verdure des collines, le feuillage des arbres, et jusqu'aux rochers du rivage couverts d'algues et de mousse, comme si tous ces objets leur eussent été nouveaux. Les clochers des villages où ils étaient nés, qu'ils reconnaissaient au loin dans les campagnes, et qu'ils nommaient les uns après les autres, les remplissaient d'allégresse; mais, quand le vaisseau entra dans le port, et qu'ils virent, sur les quais, leurs amis, leurs pères, leurs mères, leurs enfants, qui leur tendaient les bras en pleurant et qui

Le retour dans la patrie.

les appelaient par leurs noms, il fut impossible d'en retenir un seul à bord. Tous sautèrent à terre, et il fallut suppléer aux besoins du vaisseau par un autre équipage.

BERNARDIN DE SAINT-PIERRE *.

EXERCICES.

Comment expliquez-vous la joie du marin qui revient dans sa patrie après un long voyage? — Que seriez-vous le plus heureux de retrouver, au retour, si vous aviez été longtemps absents de votre pays?

---

10. La patrie.

Quel mot puissant et magique que celui de PATRIE, et comme il éveille dans notre pensée une image pleine tout à la fois de douceur et de majesté! Voici la Patrie: cette maison, où votre âme s'est épanouie sous les regards attendris d'un père, qui reste toujours embaumée pour vous du parfum des baisers maternels; ces chemins que vos premiers pas ont foulés si gaiement; ces horizons connus, ces eaux courantes et ces bois, tous ces chers objets que vous avez naïvement associés aux plus vives impressions de votre enfance, hélas! et ce coin de terre, où dort la cendre à peine refroidie de vos aïeux, suivis et gardés dans la tombe par la pitié de vos souvenirs: oui, tout cela, c'est la Patrie.

La Patrie, c'est encore cette figure mystérieuse qui vous apparaît quand vous parcourez les annales de la France, et qui, de son regard triste ou fier, selon la page que vous avez sous les yeux, allume dans votre âme le feu du dévouement et de l'enthousiasme, et fait ressentir, avec une étrange énergie, le poids de ses revers et l'orgueil de ses triomphes. Rappelez-vous vos lectures : comme vous palpitiez d'une émotion douloureuse, lorsque le drapeau du pays, engagé dans quelque bataille, semblait fléchir et s'incliner sous la fortune adverse! Mais quelle joie, lorsque, soutenu par la vaillante main de vos pères, et flottant seul au-dessus du théâtre de l'action, il faisait fuir au loin les étendards ennemis et rapportait dans ses plis triomphants un de ces noms fameux que cent victoires y ont inscrits.

Mgr DARBOY *.

EXERCICES.

Exposer quel bonheur c'est de vivre dans une patrie telle que la France. — Montrer, par un rapprochement avec la *famille*, qu'on doit aimer sa *patrie* dans la mauvaise comme dans la bonne fortune.

LIVRE II

LA MORALE ÉLÉMENTAIRE

CHAPITRE PREMIER

DEVOIRS ENVERS SOI-MÊME

LE CORPS ET L'ÂME

La première chose qui nous frappe, quand nous nous étudions nous-mêmes, ce que nous faisons trop rarement, c'est notre corps. Notre corps est composé d'organes qui nous mettent en rapport avec le monde extérieur : des yeux pour voir les objets, des pieds pour en approcher, des mains pour les saisir, des oreilles pour communiquer avec nos semblables, une voix pour leur répondre. Voilà donc ce qui nous frappe d'abord : un *corps* et des organes susceptibles de se développer par l'exercice et d'arriver à une finesse inouïe. Mais le corps n'est, pour ainsi dire, que l'enveloppe de la machine. Il y a à l'intérieur une force qui fait mouvoir ces organes, qui les dirige, et qui est assez puissante pour mener le corps où il ne voudrait pas aller, pour pousser le soldat au-devant du canon. Cette force intérieure, c'est l'*âme*, qui a des facultés comme le corps a ses organes... Il y a d'un côté l'*esprit*, qui a pour objet la recherche de la vérité. Et puis, au fond de l'âme, et plus profondément encore que l'esprit, il y a ce qu'on appelle, dans le langage ordinaire, le *cœur*, c'est-à-dire les passions qui nous poussent et nous agitent, et une *volonté* qui met toute la machine en jeu. Enfin, entre l'esprit et le cœur, existe une espèce de milieu tranquille, la *conscience*, miroir incorruptible qui nous permet de nous voir nous-mêmes, de nous observer, de nous juger quand nous agissons. Voilà l'homme tout entier : il est corps, esprit et cœur. Voilà ce qu'il a reçu en naissant, voilà ce qu'il lui faut développer; voilà, si je puis me servir de cette expression, le *capital* * avec lequel chacun de nous entre dans le monde, et dont il doit tirer le meilleur parti possible [1].

LABOULAYE *.

EXERCICES.

Quelle différence voyez-vous entre l'*âme* et le *corps?* Citer des actes appartenant à la vie de l'un et des faits appartenant à la vie de l'autre. — Avons-nous des devoirs envers nous-mêmes? — A quoi peut-on comparer le *corps?* A quoi peut-on comparer l'âme? — Quels sont nos principaux *organes?* — Qu'est-ce que l'*esprit*, le *cœur*, la *volonté*, la *conscience?*

I

DEVOIRS ENVERS LE CORPS

1. Cyrus et Astyage

OU

UNE LEÇON DE TEMPÉRANCE.

Lorsque Cyrus *, fils de Cambyse *, prince perse, eut atteint sa douzième année, sa mère le conduisit chez son grand-père Astyage *, roi des Mèdes *. Il trouva dans cette cour des mœurs bien différentes de celles des Perses *, car les Mèdes vivaient dans la mollesse au lieu que la vie des Perses était rude et laborieuse.

Un jour qu'il assistait à un repas très somptueux, dans lequel on avait tout prodigué, il parut indifférent

1. *Discours populaires*, CHARPENTIER éditeur.

à tout ce fastueux appareil. Comme Astyage en était surpris : « Les Perses, lui dit-il, ne prennent pas tant de détours ni de circuits pour apaiser la faim : un peu de pain et de cresson leur suffit. » Son grand-père lui ayant permis de disposer à son gré de tous les mets qui étaient servis, il les distribua à tous les officiers du roi, pour les récompenser de leurs services; mais il ne donna rien à Sacas, l'échanson d'Astyage. Le roi se montra sensible à cet affront, et reprocha vivement à Cyrus d'avoir manqué d'égards envers un officier si distingué par son dévouement et par l'adresse merveilleuse avec laquelle il lui servait à boire : « Ne faut-il que cela, répartit Cyrus, pour mériter vos bonnes grâces? Je les aurai bientôt gagnées : car je me fais fort de vous servir mieux que lui. » Aussitôt on équipe le petit Cyrus en échanson. Il s'avança gravement, d'un air sérieux, la serviette sur l'épaule, et, tenant la coupe délicatement de trois doigts, il la présenta au roi avec une grâce et une dextérité qui charmèrent Astyage et Mandane *. Quand cela fut fait, il se jeta au cou de son grand-père, et, en le baisant, il s'écria, plein de joie : « O Sacas! pauvre Sacas! te voilà perdu! j'aurai ta charge. » Astyage lui dit, en lui témoignant beaucoup d'amitié : « Je suis

Il s'avança gravement.

très content, mon fils : on ne peut pas mieux servir; vous avez cependant oublié une cérémonie qui est essentielle, c'est de goûter la liqueur que vous m'avez présentée.

— Ce n'est point du tout par oubli, reprit Cyrus, que j'en ai usé ainsi.

— Et pourquoi donc ? dit Astyage.

— C'est que j'ai craint que cette liqueur ne fût du poison.

— Du poison ! s'écria le roi, et comment cela?

— Oui, mon père, répliqua le jeune prince : car il n'y a pas longtemps que, dans un repas que vous donniez aux grands seigneurs de votre cour, j'aperçus qu'après qu'on eut bu de cette liqueur, la tête tourna à tous les convives. On criait, on chantait, on parlait à tort et à travers. Vous paraissiez avoir oublié, vous, que vous étiez le roi, et eux, qu'ils étaient vos sujets. Enfin, quand vous vouliez vous mettre à danser, vous ne pouviez vous soutenir.

— Comment ! reprit Astyage, n'arrive-t-il pas la même chose à votre père?

— Jamais ! répondit Cyrus; quand il a bu, il cesse d'avoir soif, et voilà tout ce qui lui en arrive. »

ROLLIN *.

EXERCICES.

Qu'est-ce que la *tempérance* ? Quel est le vice contraire ? — Pour quelle raison Cyrus n'avait-il pas goûté le vin avant de le présenter à Astyage ? — Qu'est-ce qu'un homme *maître* de son corps, un homme *esclave* de son corps ?

---

2. Terrible effet de l'ivresse.

Cambyse *, roi des Perses *, était fort adonné au vin. Préxaspe, un de ses favoris, l'engageait à boire plus modérément. Il lui représentait combien l'ivresse était honteuse chez un roi qui attirait l'attention de tous, que chacun regardait, dont chacun recueillait les paroles : « Je te montrerai, dit Cambyse, que je suis toujours maître de moi, et que, même après avoir bu, mes yeux voient clair et ma main est ferme. » Il but ensuite plus encore que de coutume : puis, déjà gorgé de vin et trébuchant, il ordonna au fils même de Préxaspe de se placer à la porte de la salle, debout, et le bras gauche élevé au-dessus de la tête. Il saisit alors un arc, le banda, et traversa, en même temps qu'il disait quel but il visait, le cœur du pauvre enfant. Puis, lui faisant ouvrir la poitrine, il montra au père le flèche fixée daus le cœur de son fils : « Eh! bien, dit-il, ai-je la main assez sûre? »

Eh! bien, ai-je la main assez sûre?

SÉNÈQUE *.

Un jour, devant Démosthène *, on faisait un mérite à Philippe *, roi de Macédoine *, de ce qu'il buvait beaucoup : « Il a cela de commun avec une éponge! » répondit l'orateur athénien.

PLUTARQUE *.

EXERCICES.

Que pensez-vous de l'action de Cambyse? Pourquoi fit-il lever à l'enfant le bras gauche au-dessus de la tête? — Avez-vous quelquefois vu un homme ivre? Pourquoi ne voudriez-vous pas lui ressembler? — Indiquer les funestes conséquences de l'ivrognerie : 1° pour celui qui s'y livre; 2° pour sa famille. — A quoi Démosthène comparait-il l'homme qui boit beaucoup? Pourquoi?

3. Les exercices du corps et la culture de l'esprit.

Le professeur Jahn * disait aux jeunes étudiants d'une université * allemande, qui frémissaient sous le joug des Français : « Faites de la gymnastique, et ne faites pas seulement de la théologie * et de la philosophie *. Fortifiez vos corps pour la guerre, si vous voulez délivrer vos âmes ; sachez manier les lourdes épées, et ne maniez pas seulement les livres. » Jahn avait raison, et ce sont ces jeunes étudiants, endurcis et fortifiés par une gymnastique généreuse, qui délivrèrent l'Allemagne *. Mais Jahn, qui disait aux étudiants d'apprendre à manier le fusil et le sabre, ne leur disait pas de brûler leurs livres et leurs cahiers. Il leur conseillait de fortifier leur corps, mais il ne leur demandait pas d'abrutir leurs âmes et d'étouffer leurs esprits. La force physique a grand tort de mépriser la force intellectuelle ; elle en a grand besoin pour se contenir et pour s'accroître. Si Jahn n'avait fait que des Hercules * brutaux et sauvages, ces grossiers batailleurs n'auraient pas été capables de l'enthousiasme libéral et patriotique qui a fait la force des Allemands en 1813.

On a remarqué que, dans la retraite de Moscou *, les officiers résistaient plus longtemps et mieux que les soldats aux maux de toutes sortes qui accablaient l'armée. Ils se décourageaient moins vite, et la force morale venait chez eux en aide à la force physique. Ils avaient deux ressources au lieu d'une : ce sont ces deux ressources que l'éducation doit nous ménager.

SAINT-MARC GIRARDIN *.

EXERCICES.

Pourquoi faut-il développer son corps? mais pourquoi faut-il en même temps développer son âme? — Quels exercices vous fait-on faire à l'école : 1° pour fortifier le corps; 2° pour développer l'esprit? — Mirabeau a dit : « *Pour faire quelque chose ici-bas, et surtout le bien, la santé est le premier des outils.* » Développer ce mot en montrant que l'homme, qui néglige le soin de sa santé, manque à ses devoirs envers sa famille et envers son pays.

4. Une leçon d'économie.

Autrefois, dans mon enfance, il n'y avait pas d'allumettes chimiques; on se servait de briquets phosphoriques *. C'étaient de petites bouteilles dans lesquelles on trempait une allumette. En général, l'allumette ne partait pas parce que le briquet était mauvais, ou bien, quand le briquet était bon, c'était l'allumette qui était mauvaise. On se tirait d'affaire avec des allumettes soufrées par les deux bouts, qu'on enflammait au feu de la cheminée. Et chez les gens économes, quand l'un des bouts de l'allumette avait servi, on l'éteignait, et on gardait l'autre bout pour une autre occasion. Un jour qu'une de mes parentes, qui était dame de charité, faisait, avec une de ses amies, une quête pour les pauvres de l'arrondissement, on lui indiqua une personne fort riche et qui était, disait-on, fort généreuse. En montant l'escalier, ces dames entendirent une querelle. C'était le monsieur prétendu charitable qui menaçait sa cuisinière de la renvoyer. Le crime de la cuisinière, c'était d'avoir jeté au feu une allumette qui n'avait servi que par un bout : « Vous me ruinez, vous perdez ma maison, c'est un désordre affreux, » criait notre avare. Notez que la perte d'un bout d'allumette, cela pouvait représenter un centième de centime. Les dames, fort effrayées, n'osaient plus monter ; elles s'y décidèrent cependant. Quand elles eurent exposé l'objet de leur visite, ce monsieur aligna gracieusement devant elles vingt pièces de cinq francs (c'était alors une grosse somme), et voyant l'étonnement de ces dames, il leur dit : « Vous avez entendu ma querelle avec ma cuisinière, mesdames, et vous m'avez blâmé sans doute. Rappelez-vous que si je n'avais pas économisé mes bouts d'allumettes, je n'aurais pas aujourd'hui cent francs pour vos pauvres. »

LABOULAYE [1].

EXERCICES.

Expliquer comment, en économisant ses bouts d'allumettes, cet homme charitable pouvait avoir cent francs pour les pauvres. — Qu'est-ce que l'*économie*? En quoi diffère-t-elle de l'*avarice*? — Quel est le défaut opposé à l'économie?

5. La gaspilleuse.

Il y avait une fois une jeune fille qui était jolie, mais négligente et paresseuse. Quand on l'obligeait à filer, elle s'en acquittait avec tant d'ennui, que plutôt que de démêler les petits pelotons de filasse qui se rencontraient dans le lin, elle en arrachait des poignées tout entières, qu'elle jetait à terre auprès d'elle. Sa servante, qui était une fille laborieuse, ramassait tous ces brins de filasse, les nettoyait, les filait bien fin, et s'en fit faire une jolie robe. Un jeune homme avait demandé la gaspilleuse en mariage et la noce allait se faire. Le soir avant ce grand jour, l'active servante dansait gaiement avec sa robe neuve. La future se mit à chanter :

La fillette se fait gloire
Des restes de mon fuseau.

Le fiancé lui demanda ce qu'elle voulait dire. Elle lui raconta qu'avec le lin qu'elle avait jeté au rebut, sa servante s'était fait une robe.

Le jeune homme, apprenant cela, et voyant la non-

1. *Discours populaires*, CHARPENTIER éditeur.

chalance de l'une et l'activité de l'autre, laissa là sa fiancée et prit la servante pour femme.

GRIMM *.

EXERCICES.

En quoi la jeune fille, dont il est question dans ce morceau, se montrait-elle négligente et paresseuse? — Que signifient les deux vers cités ici? — Pourquoi le jeune homme aima-t-il mieux épouser la servante que la maîtresse? Développer ses raisons.

---

6. Le sifflet.

Quand j'étais un enfant de cinq ou six ans, mes amis, un jour de fête, remplirent ma petite poche de sous. J'allai tout de suite à une boutique où l'on vendait des babioles *; mais charmé du son d'un sifflet que je vis, chemin faisant, dans les mains d'un autre petit garçon, je lui offris et lui donnai volontiers tout mon argent. Revenu chez moi, fort content de mon achat, sifflant par toute la maison, je fatiguai les oreilles de ma famille; mes frères, mes sœurs, mes cousines, apprenant que j'avais tant donné pour ce mauvais instrument, me dirent que je l'avais payé dix fois plus qu'il ne valait: alors ils me firent penser au nombre de choses que j'aurais pu acheter avec le reste de ma

Je lui donnai volontiers tout mon argent.

monnaie, si j'avais été plus prudent; ils me tournèrent tellement en ridicule que j'en pleurai de dépit, et la réflexion me donna plus de chagrin que le sifflet de plaisir. Cet accident fut cependant, par la suite, de quelque utilité pour moi, car l'impression resta dans mon âme : aussi, lorsque j'étais tenté d'acheter quelque chose qui ne m'était pas nécessaire, je disais en moi-même : *Ne donnons pas trop pour le sifflet*, et j'épargnais mon argent.

FRANKLIN *.

EXERCICES.

Que signifie le mot : *Ne donnons pas trop pour le sifflet?* — Indiquez : 1° des dépenses utiles; 2° des dépenses inutiles. — Développer, en l'appliquant aux dépenses inutiles, le proverbe : *les petits ruisseaux font les grandes rivières.*

---

7. L'épargne.

MAÎTRE PIERRE. — D'où sors-tu donc, François?

FRANÇOIS. — Moi! je ne sortais pas, j'entrais chez nous.

MAÎTRE PIERRE. — Oui, mais avant de rentrer, d'où sortais-tu?

FRANÇOIS. — Puisqu'il faut vous le dire, je sortais du cabaret.

MAÎTRE PIERRE. — Et tu ne dis pas que tu y as passé le dimanche et le lundi; ta femme crie et pleure; et tes enfants, qui les nourrira?

FRANÇOIS. — Vous avez raison de me gronder, maître Pierre; mais je noie mes soucis dans le vin, et du moins, quand j'ai bu, je ne vois pas l'hôpital qui est au bout de ma peine. Que voulez-vous que deviennent un jour ma femme et mes pauvres enfants? J'aime mieux m'étourdir et m'abrutir que de songer à cet avenir-là, qui n'est pas gai. D'ailleurs, quand bien même j'aurais économisé, à force de travail, trois pièces de cinq francs au bout du mois, que voulez-vous que j'en fasse.

MAITRE PIERRE. — Il faut les placer.

FRANÇOIS. — Où? Sous mon établi? On me les volerait.

MAITRE PIERRE. — Eh! non.

FRANÇOIS. — Eh! bien, où donc?

MAITRE PIERRE. — A la Caisse d'épargne.

FRANÇOIS. — Qu'est-ce donc que la Caisse d'épargne?

MAITRE PIERRE. — C'est une caisse où les ouvriers pauvres et laborieux viennent, chaque dimanche, verser le montant des économies de la semaine. On reçoit depuis un franc jusqu'à 300 francs. On inscrit le nom du déposant dans un registre, et on lui délivre, sur un livret, le reçu de la somme versée; puis l'on bonifie * l'intérêt * à 4 pour cent, qui est, à son compte, ajouté au capital *. C'est un trésor public, et non un banquier, qui encaisse l'argent, et des personnes riches et charitables administrent gratuitement la caisse.

FRANÇOIS. — Et si je voulais ravoir mon argent?

MAITRE PIERRE. — Tu en ferais la demande, et, presque tout de suite, il te serait remis.

FRANÇOIS. — Combien faut-il de temps et d'argent pour amener, de la sorte, un petit capital?

MAITRE PIERRE. — Trois sous placés chaque jour produiraient une somme de 6500 francs au bout de 40 ans; or, ta journée de travail est de trente sous; si tu en mets de côté trois, il t'en restera encore vingt-sept. Et Henri, ton voisin, qui n'est pas marié, et qui n'a que vingt ans, combien gagne-t-il par jour, lui qui est vigoureux et bon ouvrier?

FRANÇOIS. — Henri gagne quarante sous.

Maître Pierre. — Eh! bien, dis-lui de mettre de côté dix sous par jour; à l'âge de soixante ans il aura une rente viagère * de 2000 francs, ou un capital de 20 000 francs.

François. — Mais ce n'est pas possible, maître Pierre, car ce serait une fortune.

Maître Pierre. — Si, mon ami, cela est possible, et je ne voudrais pas te tromper.

François. — Alors je veux mettre à la Caisse d'épargne et je ne ferai pas le lundi [1].

Cormenin *.

Exercices.

Qu'est-ce que la *prévoyance?* — Qu'est-ce que l'*épargne?* — Quels sont les principaux ennemis de l'épargne? — Que savez-vous des caisses d'épargne? — Connaissez-vous des animaux prévoyants?

---

8. Le prix du temps.

Le premier devoir de l'homme qui veut vivre et bien vivre, c'est de ménager son temps. Une *seconde*, dit-on, c'est peu de chose; mais avec les secondes on fait les *minutes*, avec les minutes les *heures*, et avec les heures les *jours*. Souvent, j'entends dire : « Pourquoi me mettrais-je à travailler? dans un quart d'heure on dînera. » Ce n'est donc rien qu'un quart d'heure, qui ne doit jamais revenir? Mais si tous les jours vous lisiez durant un quart d'heure, à la fin de l'année cela ferait dix jours de lecture. Jugez ce qu'on peut lire en dix jours!

Un des plus grands magistrats de l'ancienne France, le chancelier * d'Aguesseau *, avait épousé une femme qui avait toutes les vertus; mais, comme il n'y a pas de

1. *Entretiens de village.*

lumière sans ombre, au milieu de toutes ses vertus, la chancelière avait un petit défaut; elle était toujours en retard. Elle appartenait à cette race de gens malheureux, qui sont venus au monde un quart d'heure trop tard, et qui courent toute leur vie après ce maudit quart d'heure sans pouvoir jamais le rattraper. Le chancelier avait fait des observations; elles n'avaient pas eu de succès. En désespoir de cause, il fit mettre dans la salle à manger un pupitre, une plume, de l'encre et du papier blanc, et pendant le quart d'heure que tout autre eût perdu avant le déjeuner et le dîner, le chancelier écrivait. Il faisait un livre : il écrivait des *Méditations chrétiennes*, qu'on lit encore aujourd'hui.

LABOULAYE[1].

EXERCICES.

Pourquoi le temps est-il si précieux? — Que représente un quart d'heure de lecture par jour, au bout de l'année? — Que faisait d'Aguesseau en attendant que sa femme fût prête pour les repas? — Qu'arriverait-il au laboureur qui perdrait tous les jours une heure?

II

DEVOIRS ENVERS L'ÂME

1. Le mensonge.

Pour ne pas contracter la vile habitude du mensonge il n'y a pas d'autre moyen que de prendre l'invariable résolution de ne mentir jamais. Si l'on fait une seule exception à cette résolution, il n'y aura pas de raison

1. *Discours populaires*, CHARPENTIER éditeur.

pour n'en pas faire deux, pour n'en pas faire cinquante, pour n'en pas faire sans fin. C'est ainsi que tant d'hommes deviennent par degrés horriblement enclins à feindre, à exagérer, et même à calomnier.

SILVIO PELLICO *.

EXERCICES.

Comment distinguons-nous l'âme du corps? — Qu'est-ce que le *mensonge?* — A quoi s'expose l'enfant qui a menti une fois? — Quels sentiments éprouve-t-on pour les menteurs? — Quelle est la qualité opposée au mensonge?

---

2. L'égoïste puni.

Le Robinson suisse est un père de famille, qui, jeté par une tempête, avec sa femme et ses quatre fils, dans une île déserte, sut, par son intelligence et ses efforts persévérants, se créer des moyens d'existence avec les ressources que lui offrait la nature. Les leçons de morale que l'auteur a su mêler à son récit ne sont pas un des moindres charmes de cet admirable livre. En voici une entre mille.

Ma femme avait mis sur le feu une marmite pleine d'eau, dans laquelle elle avait jeté quelques tablettes de bouillon. Bientôt, elle nous annonça que la soupe était bonne à manger : « Un moment, lui dis-je, nous attendons Fritz; et, d'ailleurs, comment nous y prendre pour la manger? Tu ne veux sans doute pas que nous portions tour à tour à notre bouche ce chaudron lourd et brûlant! — Si nous avions des noix de coco, dit Ernest, nous les couperions en deux et nous en ferions des cuillers. — Si nous avions de magnifiques couverts d'argent, répliquai-je, cela vaudrait bien mieux. — Mais au moins, reprit-il, nous pourrions nous servir de coquillages. — Bonne idée, m'écriai-je, mais, ma foi! nos doigts pourront bien tremper dans la soupe, car nos cuillers n'auront pas de manches. Va donc nous en chercher. »

Jack se leva en même temps et se mit à courir; et il était déjà dans l'eau bien avant que son frère fût arrivé au rivage. Il détacha une grande quantité d'huîtres et les jeta à Ernest, qui les enveloppa dans son mouchoir, tout en ramassant un grand coquillage qu'il mit avec soin dans sa poche. Nous eûmes ainsi bientôt chacun une cuiller. Les enfants se hâtèrent de tremper leurs écailles dans la soupe, mais tous se brûlèrent les doigts et se mirent à crier. Ernest seul, tirant de sa poche son coquillage, qui était aussi grand qu'une assiette, le remplit en partie sans se brûler, et se mit à l'écart pour laisser refroidir le bouillon.

Tu vas donner cette portion à nos fidèles chiens.

Je le laissai d'abord faire; mais quand il se disposa à manger : « Puisque tu n'as pensé qu'à toi, lui dis-je, tu vas donner cette portion à nos fidèles chiens, et tu te contenteras de celle que nous pouvons avoir nous-mêmes. » Le reproche fit effet, et Ernest déposa aussitôt son assiette devant les dogues, qui l'eurent bientôt vidée.

Le Robinson suisse.

Maxime.

— Évitons de parler souvent de nous-mêmes et de nous donner pour exemple. Rien n'est plus désagréable qu'un homme qui se cite lui-même à tout propos.

LA ROCHEFOUCAULD *.

EXERCICES.

Qu'est-ce qu'un *égoïste*? — Pourquoi Ernest était-il un égoïste? — Que pensez-vous de la leçon qui lui fut donnée par son père? — Pourquoi un homme qui se cite lui-même à tout propos est-il désagréable?

---

3. Une leçon de politique.

Un jeune Athénien, nommé Glaucon, s'était mis si fortement en tête d'entrer dans le maniement des affaires publiques, quoiqu'il n'eût pas encore vingt ans, que personne dans sa famille ni parmi ses amis n'avait eu le pouvoir de le détourner d'un dessein si peu convenable à son âge et à sa capacité. Socrate *, qui l'affectionnait, fut le seul qui réussit à le faire changer de résolution.

Un jour, l'ayant rencontré, il l'aborda : « Vous avez donc envie de gouverner la République, lui dit-il. — Il est vrai, répondit Glaucon. — Vous ne sauriez avoir un plus beau dessein, repartit Socrate; car, si vous y réussissez, vous vous mettrez en état de servir utilement vos amis, d'agrandir votre maison, et d'étendre les bornes de votre patrie. Vous vous ferez connaître; quelque part que vous soyez, vous attirerez sur vous le respect et l'admiration de tout le monde. »

Un début si flatteur plut extrêmement au jeune

homme qui se trouvait pris par son faible : il resta volontiers, sans qu'il fût besoin de l'en presser, et la conversation continua : « Puisque vous désirez de vous faire estimer et honorer, il est clair que vous songez à vous rendre utile au public.. — Assurément ! — Dites-moi donc, je vous prie, quel est le premier service que vous prétendez rendre à l'État ? » Comme Glaucon paraissait embarrassé et rêvait à ce qu'il devait répondre : « Apparemment, reprit Socrate, ce sera de l'enrichir, c'est-à-dire d'augmenter ses revenus. — C'est cela même. — Et, sans doute, vous savez en quoi consistent les revenus de l'Etat et à combien ils peuvent monter ; vous n'aurez pas manqué d'en faire une étude particulière, afin que, si un fonds vient à manquer tout à coup, vous puissiez aussitôt le remplacer par un autre. — Je vous jure, répondit Glaucon, que c'est à quoi je n'ai jamais songé. — Marquez-moi au moins les dépenses que fait la République : car vous savez de quelle importance il est de retrancher celles qui sont superflues. — Je vous avoue que je ne suis pas plus instruit sur cet article que sur l'autre. — Il faut donc remettre à un autre temps le dessein que vous avez d'enrichir la République : car il vous est impossible de le faire, si vous en ignorez les revenus et les dépenses.

Vous avez donc envie de gouverner la République ?

— Mais, dit Glaucon, il y a encore un autre moyen que vous passez sous silence : on peut enrichir un État par la ruine de ses ennemis. — Vous avez raison, répondit Socrate ; mais pour cela il faut être le plus fort : autrement on court risque soi-même de perdre ce que l'on a. Ainsi celui qui parle d'entreprendre une guerre, doit connaître les forces des uns et des autres, afin que, s'il trouve son parti le plus fort, il conseille hardiment la guerre, et que, s'il le trouve le plus faible, il dissuade le peuple de s'y engager. Or, savez-vous quelles sont les forces de notre République, tant par mer que par terre, et quelles sont celles de nos ennemis ? En avez-vous un état par écrit ? Vous me ferez plaisir de me le communiquer. — Je n'en ai point encore, répondit Glaucon. — Je vois bien, dit Socrate, que nous ne ferons pas sitôt la guerre, si l'on vous charge du gouvernement ; car il vous reste bien des choses à savoir et bien des soins à prendre. »

Il parcourut ainsi plusieurs autres articles non moins importants, sur lesquels il le trouva également neuf, et il lui fit toucher au doigt le ridicule de ceux qui ont la témérité de s'ingérer dans le gouvernement, sans y apporter d'autre préparation qu'une grande estime d'eux-mêmes et une ambition démesurée de s'élever aux premières places. « Craignez, mon cher Glaucon, lui dit Socrate, craignez qu'un désir trop vif des honneurs ne vous aveugle et ne vous fasse prendre un parti qui vous couvrirait de honte, en mettant au grand jour votre incapacité et votre peu de talent. »

Glaucon profita des sages avis de Socrate, et prit du temps pour s'instruire en particulier, avant que de se produire en public. Cette leçon est pour tous les siècles, et elle peut convenir à beaucoup de personnes de tout état et de toute condition.

ROLLIN *.

EXERCICES.

Quels étaient les *défauts* de caractère de Glaucon? — Que prétendait-il faire? — Pourquoi en était-il incapable? — Comment Socrate s'y prit-il pour le corriger? — Quelle est la morale à tirer de ce récit?

---

4. Le paresseux.

Un paresseux n'est bon à rien. Les affaires l'ennuient, la lecture sérieuse le fatigue. Il faudrait lui faire passer sa vie sur un lit de repos. Travaille-t-il : les moments lui paraissent des heures. S'amuse-t-il : les heures ne lui paraissent plus que des moments. Tout son temps lui échappe, il ne sait ce qu'il en fait; il le laisse couler comme l'eau sous les ponts. Demandez-lui ce qu'il a fait de sa matinée; il n'en sait rien, car il a vécu sans songer qu'il vivait; il a dormi le plus tard qu'il a pu, s'est habillé fort lentement, a parlé au premier venu, a fait plusieurs tours dans sa chambre. Le dîner est venu : l'après-dînée se passera comme le matin et toute la vie comme cette journée. Encore une fois, le paresseux n'est bon à rien.

Un paresseux n'est bon à rien.

FÉNELON *.

Maxime.

L'ennui est entré dans le monde par la paresse.

LA BRUYÈRE.

EXERCICES.

Écrivez une lettre à votre père pour lui faire part de votre résolution de ne jamais être paresseux; dites-lui pourquoi vous prenez cette résolution. — Montrer la vérité du mot de La Bruyère cité plus haut. — Quelles satisfactions donne le travail, en échange des efforts et des fatigues qu'il exige de nous?

---

5. Un brave.

Nos deux pièces n'avaient plus de canonniers pour les servir. Le général Dorsenne * les remplaça par douze grenadiers * et leur donna la croix; mais tous ces braves périrent près de leurs pièces. Plus de chevaux, plus de soldats du train, plus de roues! les affûts en morceaux, les pièces par terre, comme des bûches! Impossible de s'en servir. Il arrive un obus qui éclate près de notre bon général et le couvre de terre; il se relève comme un beau guerrier : « Votre général n'a point de mal, dit-il, comptez sur lui; il saura mourir à son poste [1]. »

Cahiers du Capitaine COIGNET [2].

EXERCICE.

Que pensez-vous du mot du général Dorsenne?

---

1. A la bataille de Wagram *, un colonel d'artillerie, qui dirigeait le feu d'une batterie de cinquante canons, fut blessé à onze heures du matin. On l'avait fait porter en arrière de sa batterie : « Non, dit-il, reportez-moi à mon poste, c'est ma place. » *Et*, ajoute Coignet, *sur son séant il commandait*. C'est seulement le soir que quatre grenadiers le rapportèrent au camp.

2. HACHETTE éditeur.

6. Le sergent Marinel.

Un incendie avait éclaté dans une maison dépendant des casernes de Strasbourg *. Grâce à de prompts secours, les ravages de la flamme avaient été arrêtés dans les étages supérieurs : mais la cave renfermait un baril de poudre et mille paquets de cartouches : une explosion était imminente et de tous côtés on se sauvait. Cependant le sergent Marinel apprend que dans une mansarde se trouvent encore deux soldats, que des infirmités retiennent dans leur lit. Il décide quelques hommes à pénétrer avec lui dans la maison : « Si nous arrivons au réservoir, s'écrie-t-il, nous pourrons noyer les poudres. » En disant ces mots, il s'engage dans l'escalier inférieur, sans s'apercevoir que ses compagnons, aveuglés par la fumée, ont bientôt renoncé à le suivre. Il arrive seul devant la porte d'un premier caveau. Cette porte était fermée : d'une poutre il se fait un bélier et l'enfonce. Au moment de passer outre, il est arrêté par un tourbillon de flammes. Effrayé, il hésite, il recule, il se dispose à remonter. Mais bientôt, à la pensée que le feu va gagner les matières explosibles, que la maison va sauter, que les deux malades vont infailliblement périr, il s'arme d'un nouveau courage et se précipite au foyer même de l'incendie. Enfin le voilà dans la poudrière; il ne fait qu'un bond vers le réservoir, ouvre le robinet. L'eau inonde la cave : tout danger d'explosion a disparu. La foule se précipite dans la maison; on découvre Marinel enseveli sous les décombres, le visage noirci et sanglant, la barbe et les cheveux brûlés, respirant à peine, mais trouvant encore assez de force pour murmurer : « Et les camarades? » Ses camarades furent sauvés, et lui-même fut rappelé, non sans peine, à la vie.

VIENNET *.

EXERCICES.

De quelles qualités fit preuve le sergent Marinel en cette occasion? — A quel moment de son héroïque dévouement l'admirez-vous le plus ?

---

7. Le médecin Desgenettes.

Le médecin Desgenettes, né à Alençon en 1762, mort en 1837, fut d'abord médecin de l'armée d'Italie, puis attaché comme médecin en chef à cette fameuse armée qui, sous les ordres du général Bonaparte, conquit l'Égypte *, en 1798. Notre armée venait de s'emparer de Jaffa *, en Syrie *, quand un fléau terrible, la peste, se déclara tout à coup. Le découragement était profond ; les pestiférés se regardaient comme perdus : ceux qui n'étaient pas encore atteints, croyant la maladie contagieuse, se fuyaient les uns les autres : l'armée entière se voyait condamnée à une mort affreuse. C'est alors que le général Bonaparte osa pénétrer dans l'hôpital de Jaffa : et, pour prouver à tous que l'on pouvait braver la contagion, il toucha de sa main nue la peau livide, les tumeurs et les plaies des malades. Desgenettes fit plus encore : en présence de toute l'armée, qui s'était persuadée qu'un homme atteint de la peste n'avait plus rien à espérer, il s'inocula cette maladie : ce qui veut dire qu'il se la donna volontairement, en faisant passer dans son propre corps, au moyen de piqûres, de l'humeur, du *virus* *, pris sur un malade : trait de courage admirable, qui releva le moral de nos soldats, et qui rendra le nom de Desgenettes immortel.

MANUEL et ALVAREZ [1].

EXERCICES.

Que fit le général Bonaparte lors de la peste de Jaffa? — Quel était son but? — Que fit le médecin Desgenettes? — Lequel des deux admirez-vous le plus, et pour quelles raisons?

---

8. Le dernier préfet de Strasbourg.

Toutes les fois qu'on parlera de Strasbourg *, il faudra citer le nom et les actes de son dernier préfet français, M. Valentin. Le souvenir de cet homme énergique restera honoré comme celui des grands citoyens des républiques passées. Il a donné un noble exemple au pays. C'est un nom que la France ne doit pas oublier.

Dès le matin du 5 septembre, M. Gambetta * fait appeler M. Valentin. « Strasbourg, lui dit-il, est assiégé depuis le 8 août, bombardé, investi, étroitement bloqué. Je vous annonce que vous êtes nommé préfet de Strasbourg. Partez immédiatement. Voici votre commission. » Et, séance tenante, il écrivit le décret suivant : « M. Edmond Valentin est nommé préfet du département du Bas-Rhin *, et le Gouvernement s'en rapporte à son énergie et à son patriotisme pour aller occuper son poste. »

Nul choix ne fut mieux inspiré, nulle confiance plus justifiée. Quelques heures après son entrevue avec le ministre de l'Intérieur, M. Valentin montait en chemin de fer, se rendant à Mulhouse *.

1. *La France*, DELAGRAVE éditeur.

Le nouveau préfet, en se transportant d'abord à Mulhouse, espérait trouver un moyen d'entrer dans la ville assiégée, ou, du moins, des indications qui lui permissent de le tenter avec des chances de succès. Ses amis ne lui laissèrent que peu d'espoir : « C'était folie, disaient-ils, de songer à pénétrer dans une ville enserrée comme l'était Strasbourg. Mais M. Valentin n'était pas un de ces hommes que le danger arrête; il le montra. Il fait coudre dans sa manche le décret qui le nomme, part sous un faux nom, et gagne Colmar *, puis Schlestadt *, où, grâce à sa connaissance de la langue anglaise, il se fait passer pour un Américain voyageant pour ses affaires. Néanmoins il est arrêté et gardé à vue. Deux fois il s'échappe et deux fois il est repris. Enfin il réussit à tromper la surveillance et arrive à Wissembourg *. Il se fait connaître au maire, lui dit son dessein et lui demande son concours, qui n'est pas refusé.

Il y avait le soir à souper, chez le maire, un jeune homme, le fils du pasteur de Schiltigheim *, qui avait un sauf-conduit * prussien, grâce auquel il avait pu se rendre à Wissembourg. Valentin cause avec lui, le prie de lui indiquer le moyen de se rendre en sécurité à Schiltigheim. Pour toute réponse, le jeune homme lui montre son sauf-conduit. Valentin s'en empare aussitôt, en disant : « Il appartient au préfet de Strasbourg. »

A Schiltigheim, Valentin s'en va loger dans la maison qui était occupée par l'état-major prussien. Là, pendant plusieurs jours, renfermé par nécessité, il observe les environs autant qu'il est possible; il étudie les habitudes de l'ennemi, des sentinelles surtout; il pouvait d'ailleurs, par une fente du plancher, qu'il n'avait pas eu besoin de pratiquer, entendre ce qui se disait et voir ce qui se faisait dans la pièce située au-dessous de la sienne, et qui était occupée précisément par l'état-major du général Werder *. C'est ainsi qu'il put profiter de l'heure des repas des sentinelles pour franchir le fossé qui le séparait de Strasbourg.

Son coup d'audace lui réussit encore. Le 19 septembre, à la tombée de la nuit, il croit l'occasion propice. Il avait remarqué que la tranchée * restait inoccupée pendant quelques minutes, à l'heure où on relevait les postes. C'est le moment qu'il choisit. Il prend sa course, parvient jusqu'à la tranchée, qu'il trouve en effet déserte, et se lance dans la plaine qui descend jusqu'à l'Aar *. Mais l'ennemi ayant aperçu le mouvement des tiges de maïs au milieu desquelles il avançait en rampant, un feu terrible fut dirigé sur lui. Les batteries françaises se mêlent aux batteries prussiennes. Il continue sa route sous ce double feu, et, après trois quarts d'heure des plus pénibles efforts, arrive, sans être atteint, sur le bord de l'Aar. Tout danger n'était pas passé cependant. Il se jette dans la rivière ; sur la rive opposée, les roseaux et les herbes l'empêchaient de prendre pied. Il repasse l'Aar, cherchant un endroit

Ce sont des Français qui tirent sur lui.

plus favorable. Enfin, quelques minutes après, il abordait et gagnait, par le chemin couvert, le bord du fossé inondé qui couvrait la lunette * 56. Là, se jetant de nouveau à la nage, il parvint jusqu'au parapet de la lunette, sur lequel il se dressa brusquement, en criant : « France ! » Des coups de fusils retentissent : ce sont les Français, qui, déconcertés par cette apparition soudaine, tirent sur lui. Mais les balles l'épargnent encore. Il fait comprendre qu'il apporte un message et demande à être conduit à l'hôtel du gouverneur.

Le lendemain matin, à la pointe du jour, un officier et quelques hommes le conduisirent au palais, pâle, fatigué, les vêtements souillés de boue. Le bruit s'était répandu dans la ville qu'on venait d'arrêter un espion; la foule l'entourait, menaçante. C'est ainsi qu'il arriva au quartier général. Le gouverneur averti descendit à sa rencontre. M. Valentin, se retournant alors vers le commandant de son escorte : « Veuillez, lui dit-il, annoncer au général le préfet de Strasbourg. » Et décousant sa manche d'un coup de canif, il présente sa commission. Le général la parcourt des yeux, et, levant son chapeau : « Monsieur, lui dit-il, je vois que le gouvernement a bien choisi. »

D'après STEENACKERS[1].

EXERCICES.

Pourquoi ne faut-il pas oublier le nom de M. Valentin? — Qu'a-t-il fait ?

---

9. Comment on peut maîtriser sa colère.

Un homme sage, qui avait un ami violent, emporté, lui dit : « Mon ami, tu es malade ; la colère est une

1. *Histoire du Gouvernement de la Défense nationale en province*, CHARPENTIER éditeur.

maladie grave, on en peut mourir même. J'ai une eau excellente pour prévenir les accès de ce mal; en voici une bouteille, fais-en l'essai. Quand tu te sentiras prêt à te mettre en colère, va vite prendre la bouteille et bois-en une cuillerée; tu en verras l'effet. » Le remède réussit merveilleusement; de sorte que, quand cet homme eut achevé sa bouteille, il revint à son bienfaisant ami en demander une autre. « Remplis ta bouteille à la fontaine simplement, lui dit celui-ci; car je t'ai donné de l'eau claire. Ce n'est pas cette eau qui t'a guéri de la colère; c'est le temps que tu as pris pour aller chercher ton remède, c'est la volonté que tu as eue de ne pas t'abandonner à ton premier mouvement. Continue, mon ami, de veiller ainsi sur toi-même, et, avec une volonté ferme et le secours de Dieu, tu seras guéri pour toujours. »

MONTANDON *.

Maxime.

Il est aussi ridicule de se mettre en colère pour les fautes des autres que de s'offenser de ce qu'il fait mauvais temps, ou de ce qu'il fait trop froid ou trop chaud, parce que notre colère est aussi incapable de corriger les hommes que de faire changer les saisons.

NICOLE *.

EXERCICES.

Quels sont les dangers de la *colère?* Ne peut-elle pas conduire au crime? — Comment peut-on arriver à se corriger de la colère? — Que penser de ceux qui se mettent en colère pour les fautes d'autrui?

---

10. Règles à observer dans la pratique de la vie.

Ne remettez jamais à demain ce que vous pouvez faire aujourd'hui.

Ne dérangez jamais une autre personne pour une chose que vous pouvez faire vous-même.

Ne dépensez jamais votre argent avant de l'avoir dans vos mains.

N'achetez point ce dont vous n'avez pas besoin, sous prétexte du bon marché ; c'est encore trop cher pour vous.

L'orgueil nous coûte plus cher que la faim, la soif et le froid. On ne se repent jamais d'avoir trop peu mangé [1].

Rien de ce qu'on fait volontairement ne paraît pénible.

Si vous êtes en colère, comptez jusqu'à dix fois avant de parler, et jusqu'à cent si vous êtes bien en colère.

THOMAS JEFFERSON *.

EXERCICES.

Apprendre par cœur et expliquer chacune des maximes qui précèdent. — Citer un acte d'orgueil, un acte de modestie, un acte de courage. — Dire en quoi consiste le respect de soi-même.

CHAPITRE II

DEVOIRS ENVERS LES ANIMAUX

1. Devoirs envers les animaux.

L'homme a apprivoisé et dressé pour son usage certains animaux doux et paisibles. Le cheval, le mulet, l'âne, le bœuf sont de ceux-là. Il doit donc traiter en amis, non en esclaves, ces bons serviteurs qui lui donnent toutes leurs forces, toutes leurs sueurs, jusqu'à leur vie, qui lui apportent, par leur travail, par leurs

1. « Il faut manger pour vivre, et non vivre pour manger, » a dit Molière *.

fatigues, le soulagement et le bien-être. La religion elle-même nous prescrit d'être doux et humains envers eux. Donner aux animaux toute la nourriture dont ils ont besoin, les abriter convenablement, les bien soigner, ne leur imposer que des charges en proportion de leurs forces, éviter tout ce qui pourrait leur causer fatigue excessive et souffrance, tels sont les devoirs qu'impose la reconnaissance envers ces êtres que nous devons regarder comme des amis, comme des frères inférieurs. Dieu nous a permis d'en user, non d'en abuser. On ne saurait donc trop répéter aux cultivateurs, aux industriels et aux entrepreneurs de charrois, aux charretiers, aux bouviers et aux cochers, qu'en accablant de fardeaux trop lourds, qu'en pressant à marche forcée, qu'en victimant, par leurs caprices, de coups déréglés leurs bœufs et leurs chevaux, ils commettent une barbarie dont ils ne tarderont pas à porter la peine.

ROCHE DE LINAS[1].

EXERCICES.

Avons-nous des devoirs envers les animaux? — Quels sont ces devoirs? — Dans quels cas est-il permis de tuer des animaux? — Qu'appelle-t-on animaux domestiques? — Est-il permis de dénicher les oiseaux?

2. Le cheval martyr.

Le pesant chariot porte une énorme pierre ;
Le limonier, suant du mors à la croupière,
Tire, et le roulier fouette, et le pavé glissant
Monte, et le cheval triste a le poitrail en sang.
Il tire, traîne, geint, tire encore et s'arrête ;
Le fouet noir tourbillonne au-dessus de sa tête ;

1. *Les Martyrs du travail*, DELAGRAVE éditeur.

C'est lundi ; l'homme hier buvait, aux Percherons,
Un vin plein de fureur, de cris et de jurons ;
Oh ! quelle est donc la loi formidable qui livre
L'être à l'être, et la bête effarée à l'homme ivre?
L'animal éperdu ne peut plus faire un pas ;
Il sent l'ombre sur lui peser ; il ne sait pas,

Sous le bloc qui l'écrase et le fouet qui l'assomme,
Ce que lui veut la pierre et ce que lui veut l'homme.
Et le roulier n'est plus qu'un orage de coups
Tombant sur ce forçat qui traîne des licous,
Qui souffre et ne connaît ni repos ni dimanche.
Si la corde se casse il frappe avec le manche,
Et, si le fouet se casse, il frappe avec le pied ;
Et le cheval, tremblant, hagard, estropié,
Baisse son cou lugubre et sa tête égarée;
On entend, sous les coups de la botte ferrée,
Sonner le ventre nu du pauvre être muet !
Il râle; tout à l'heure encore il remuait ;
Mais il ne bouge plus et sa force est finie;
Et les coups furieux pleuvent ; son agonie
Tente un dernier effort; son pied fait un écart;

Il tombe, et le voilà brisé sous le brancard;
Et, dans l'ombre, pendant que son bourreau redouble,
Il regarde quelqu'un de sa prunelle trouble,
Et l'on voit lentement s'éteindre, humble et terni,
Son œil plein des stupeurs sombres de l'infini.

VICTOR HUGO [1].

EXERCICES.

N'y a-t-il pas une loi qui protège les animaux? Dites ce que vous savez de cette loi. — Ne connaissez-vous pas une société qui protège les animaux?

CHAPITRE III

DEVOIRS ENVERS LES AUTRES HOMMES ET ENVERS DIEU

1. Belle parole du conseiller d'Ormesson.

Le ministre des finances, Fouquet *, avait commis des vols dans sa gestion * : il fut traduit en justice. Louis XIV le poursuivait d'une haine implacable, moins pour sa conduite comme ministre que pour son faste et son éclat, qui avaient blessé l'orgueil du roi, et il voulait à tout prix qu'il fût condamné à mort. Le conseiller d'Ormesson était chargé de faire le rapport : le roi lui fit exprimer quel était son désir. D'Ormesson répondit avec fierté : « Je rends des arrêts * et non des services. »

J. D. LEFRANÇAIS [2].

EXERCICES.

Expliquer la réponse du conseiller. — Qu'est-ce que la *justice?* — Citer un acte *juste*, un acte *injuste*. — Auquel des morceaux précédemment étudiés vous fait penser cette réponse du conseiller d'Ormesson?

1. *Les Contemplations*, HACHETTE éditeur.
2. *Lectures patriotiques*, DELAGRAVE éditeur.

2. L'enfant charitable.

Les pauvres étaient, pour les modestes finances d'Olivier Goldsmith *, une cause perpétuelle de ruine. Il lui était impossible de rencontrer un malheureux sans lui donner tout ce qu'il avait d'argent. Les mendiants de Dublin * le reconnaissaient à son costume de boursier *, à sa robe noire sans manches, à son chapeau rouge, et lui faisaient fréquemment cortège.

Une matinée d'hiver, un de ses camarades le trouva blotti dans la plume de son édredon, qu'il avait décousu. La veille, Olivier avait été abordé par une pauvre femme accompagnée de plusieurs petits enfants qui se mouraient de faim et de froid. N'ayant rien à leur donner, il les avait amenés jusqu'au collège de la Trinité, où il était pensionnaire, et leur avait jeté, par la fenêtre de sa chambre, ses draps et ses couvertures.

CUCHEVAL-CLARIGNY *.

EXERCICES.

En quoi la *charité* diffère-t-elle de la *justice?* — Est-il nécessaire d'être riche pour être charitable? — Pourquoi l'acte d'Olivier Goldsmith était-il un acte de *charité?*

---

3. La prière et l'aumône.

Jean et Robert allaient à la messe, un dimanche.
Ils avaient tous les deux dix sous en pièce blanche,
Et s'en allaient tout fiers, bras dessus, bras dessous,
Causant de ce qu'on peut s'acheter pour dix sous.
Juste au seuil de l'église un pauvre les arrête :

« La charité, j'ai faim! » Jean, détournant la tête,
Lui répondit : « Si je n'avais
Qu'un sou je vous le donnerais.
Je n'ai pas de monnaie aujourd'hui, mon brave homme! »
— Moi non plus, dit Robert, mais j'ai toute une somme.
Prenez-la, voici l'argent. »
Et dans la main de l'indigent

Il met ses beaux dix sous, la pièce tout entière.
Il entra dans l'église alors avec son frère,
Et tous les deux priaient très bien dans le saint lieu;
Mais la voix de Robert monta seule vers Dieu.
Car il ne suffit pas de prier dans un livre :
Il faut, pour plaire au ciel, aimer les malheureux,
Et leur donner l'argent quand on n'a pas le cuivre.
Joindre les mains, c'est bien; mais les ouvrir, c'est mieux!

RATISBONNE [1] *.

EXERCICES.

Que pensez-vous de la réponse de Jean? — Et de celle de Robert? — Comment doit-on faire l'aumône?

---

1. *La Comédie enfantine*, CH. DELAGRAVE éditeur.

4. Les pauvres et les malades.

En rentrant de faire nos promenades à la campagne, notre mère nous faisait presque toujours passer devant les pauvres maisons des malades ou des indigents du village. Elle s'approchait de leurs lits: elle leur donnait quelques conseils et quelques remèdes. Je l'ai vue souvent debout, assise, ou à genoux, au chevet de ces grabats de chaumière, ou dans les étables, où les paysans couchent quand ils sont vieux et cassés, essuyer de ses mains la sueur froide des pauvres mourants, les retourner sous leurs couvertures, leur réciter les prières du dernier moment, et attendre patiemment des heures entières que leur âme eût passée à Dieu, au son de sa douce voix. Elle faisait de nous aussi les ministres de ses aumônes. Nous étions sans cesse occupés, moi surtout, comme le plus grand, à porter au loin, dans les maisons isolées de la montagne, tantôt un peu de pain blanc, tantôt une bouteille de vin vieux et des morceaux de sucre, tantôt un peu de bouillon fortifiant pour les vieillards épuisés faute de nourriture. Ces petits messages étaient même pour nous des plaisirs et des récompenses. Les paysans nous connaissaient à deux ou trois lieues à la ronde. Ils ne nous voyaient jamais passer sans nous appeler par nos noms d'enfants, qui leur étaient familiers, sans nous prier d'entrer chez eux, d'y accepter un morceau de lard ou de fromage [1].

LAMARTINE *.

EXERCICES.

Qu'est-ce que la *bienfaisance?* — En quoi diffère-t-elle de la *bienveillance?* — Pourquoi faut-il secourir les pauvres? — Que pensez-vous de la manière dont Mme de Lamartine pratiquait la charité?

1. *Lectures pour tous*, HACHETTE éditeur.

5. Respect aux vieillards.

Honore dans toutes les personnes âgées l'image de tes parents et de tes aïeux. La vieillesse inspire de la vénération à tous les cœurs bien nés. Dans l'antique Sparte *, il y avait une loi qui ordonnait aux jeunes gens de se lever à l'arrivée d'un vieillard, de se taire quand il parlait, de lui céder le pas quand ils le rencontraient. Ce que chez nous la loi n'ordonne pas, que la décence nous le fasse faire; ce sera mieux encore. Ce respect pour les vieillards est si beau que ceux-là mêmes qui oublient de le pratiquer, sont contraints de l'applaudir dans les autres.

Un vieillard athénien cherchait une place aux jeux Olympiques *, et tous les gradins de l'amphithéâtre étaient occupés. Quelques jeunes Athéniens lui firent signe d'approcher, et lorsque, cédant à leur invitation, il parvint à grand'peine jusqu'à eux, au lieu d'un accueil respectueux, il ne trouva que d'indignes risées. Repoussé d'un côté à l'autre, le pauvre vieillard arriva à celui où étaient assis les Spartiates *. Ceux-ci, fidèles à la coutume sacrée de leur pays, se lèvent modestement et le font asseoir au milieu d'eux. Alors ces mêmes Athéniens, qui l'avaient si indignement bafoué, furent pénétrés d'estime pour leurs généreux rivaux, et les plus vifs applaudissements s'élevèrent de toutes parts. Les larmes coulaient des yeux du vieillard et il s'écriait : « Les Athéniens savent ce qui est honnête; les Spartiates le font. »

SILVIO PELLICO *.

EXERCICES.

Pour quelles raisons faut-il respecter les vieillards? Est-il besoin d'une loi pour commander ce respect? — Que pensez-vous de la conduite des Athéniens? — Et de celle des Spartiates?

6. Respect de la propriété d'autrui.

Dans la dernière guerre d'Allemagne *, un capitaine de cavalerie est commandé pour aller au fourrage. Il part à la tête de sa compagnie et se rend dans le quartier qui lui est assigné. C'était un vallon solitaire, où l'on ne voyait guère que des bois. Il aperçoit une pauvre cabane; il y frappe; il en sort un vieillard à barbe blanche. « Mon père, lui dit l'officier, montrez-moi un champ où je puisse faire fourrager mes cavaliers. — Tout à l'heure, » reprit le vieillard. Ce brave homme se met à leur tête et remonte avec eux le vallon. Après un quart d'heure de marche, ils trouvèrent un beau champ d'orge. « Voilà ce qu'il nous faut, dit le capitaine. — Attendez un moment, lui dit son conducteur, vous serez content. » Ils continuent à marcher, et ils arrivent, à un quart de lieue plus loin, à un autre champ d'orge. La troupe aussitôt met pied à terre, fauche le grain, le met en trousse, et remonte à cheval. L'officier de cavalerie dit alors à son guide : « Mon père, vous nous avez fait aller trop loin sans nécessité; le premier champ

Vous serez content.

valait mieux que celui-ci. — Cela est vrai, monsieur, reprit le bon vieillard, mais il n'était pas à moi. »

BERNARDIN DE SAINT-PIERRE *.

EXERCICES.

Pourquoi l'officier appelle-t-il le vieillard : *Mon père?* — Qu'est-ce que la *probité?* — Qu'est-ce que le *vol?* — Que doit-on faire quand on a trouvé un objet perdu? — Quelles obligations contracte-t-on quand on accepte un *dépôt?*

---

7. L'aveugle et le paralytique *

Aidons-nous mutuellement,
La charge des malheurs en sera plus légère;
Le bien que l'on fait à son frère,
Pour le mal que l'on souffre est un soulagement.

Dans une ville de l'Asie *,
Il existait deux malheureux,
L'un perclus, l'autre aveugle, et pauvres tous les deux.
Ils demandaient au ciel de terminer leur vie;
Mais leurs cris étaient superflus :
Ils ne pouvaient mourir. Notre paralytique,
Couché sur un grabat dans la place publique,
Souffrait sans être plaint; il en souffrait bien plus.
L'aveugle, à qui tout pouvait nuire,
Était sans guide, sans soutien,
Sans avoir même un pauvre chien,
Pour l'aimer et pour le conduire.
Un certain jour, il arriva
Que l'aveugle, à tâtons, au détour d'une rue,
Près du malade se trouva.
Il entendit ses cris; son âme en fut émue :
Il n'est tels que les malheureux
Pour se plaindre les uns les autres.

« J'ai mes maux, lui dit-il, et vous avez les vôtres;
Unissons-les, mon frère; ils seront moins affreux.
— Hélas! dit le perclus, vous ignorez, mon frère,
Que je ne puis faire un seul pas;
Vous-même vous n'y voyez pas :
A quoi nous servirait d'unir notre misère?
— A quoi? répond l'aveugle; écoutez : à nous deux,
Nous possédons le bien à chacun nécessaire;
J'ai des jambes et vous des yeux :
Moi, je vais vous porter; vous, vous serez mon guide;
Vos yeux dirigeront mes pas mal assurés;
Mes jambes, à leur tour, iront où vous voudrez.
Ainsi, sans que jamais notre amitié décide
Qui de nous deux remplit le plus utile emploi,
Je marcherai pour vous, vous y verrez pour moi. »

FLORIAN *.

EXERCICES.

Expliquez les quatre premiers vers. — Pourquoi n'est-il *tels que les malheureux pour se plaindre les uns les autres?* — Montrer, par des exemples, comment, dans le cours de la vie, on a chaque jour l'occasion de se rendre de mutuels services.

---

8. Il faut s'entr'aider.

RÉCIT D'UN CHIRURGIEN DE L'ARMÉE DE METZ.

Dans la dernière quinzaine du blocus *, le chloroforme * commençait à s'épuiser. Nous en devenions avares et nous cherchions à réserver le peu qui nous en restait pour les opérations graves. On m'amène un homme, un grenadier * de la garde *. Il avait eu la main droite fracassée par un éclat d'obus. Il fallait lui désarticuler et lui enlever le petit doigt. L'opération ne présentait ni difficultés ni danger, mais elle devait être très douloureuse et assez longue. Je dis au grenadier :

« Il faut que je vous enlève le petit doigt.

— C'est bien, me répond-il tranquillement, faites.

— Est-ce que vous voulez que je vous endorme?

— Ça sera dur, l'opération?

— Oui, vous souffrirez; mais il n'y a aucun danger.

— Ça ne fait rien, si ça doit être très douloureux, j'aimerais autant...

— C'est q u nous n'avons plus beaucoup de chloroforme.

Il se tamponna son mouchoir dans la bouche.

— Le chloroforme, c'est ce qui sert à endormir?

— Oui.

— Ah! bien! je comprends... vous voulez garder votre chloroforme pour quelque chose de plus sérieux que mon petit doigt, pour la jambe ou pour la cuisse d'un camarade?

— Oui, c'est cela...

— Eh bien, vous avez raison. Ne m'endormez pas; mais faites vite, faites vite. »

Et il se tamponna son mouchoir dans la bouche, entre les dents. Je fis l'opération. Il était horriblement pâle. L'eau lui coulait du front à grosses gouttes; mais pas un mouvement, pas une plainte, pas un cri. Quand ce fut fini, je le félicitai de son courage. « Oh! me répondit-il, il faut bien que les pauvres gens s'entr'aident. »

LUDOVIC HALÉVY [1].

EXERCICES.

Que trouvez-vous à louer dans la conduite de ce soldat? — Que veut dire sa réponse : *Il faut bien que les pauvres gens s'entr'aident?*

---

9. L'abeille et la fourmi.

A jeun, le corps tout transi,
Et pour cause,
Un jour d'hiver la fourmi,
Près d'une ruche bien close,
Rôdait, pleine de souci.
Une abeille vigilante
L'aperçoit et se présente :
« Que viens-tu chercher ici?
Lui dit-elle. — Hélas! ma chère,
Répond la pauvre fourmi,
Ne soyez pas en colère :
Le faisan, mon ennemi,
A détruit ma fourmilière;
Mon magasin est tari;
Tous mes parents ont péri
De faim, de froid, de misère.
J'allais succomber aussi,
Quand du palais que voici
L'aspect m'a donné courage.
Je le savais bien garni

1. *L'invasion,* CALMANN LÉVY éditeur.

De ce bon miel, votre ouvrage;
J'ai fait effort, j'ai fini
Par arriver sans dommage.
Oh! me suis-je dit, ma sœur
Est fille laborieuse;
Elle est riche et généreuse;
Elle plaindra mon malheur.
Oui, tout mon espoir repose
Dans la bonté de son cœur.
Je demande peu de chose;
Mais j'ai faim, j'ai froid, ma sœur!
— Oh! oh! répondit l'abeille,
Vous discourez à merveille.
Mais vers la fin de l'été,
La cigale m'a conté
Que vous aviez rejeté
Une demande pareille.
— Quoi! vous savez?... — Mon Dieu, oui;
La cigale est mon amie.
Que feriez-vous, je vous prie,
Si, comme vous, aujourd'hui
J'étais insensible et fière;
Si j'allais vous inviter
A promener ou chanter?
Mais, rassurez-vous, ma chère;
Entrez, mangez à loisir,
Usez-en comme du vôtre,
Et surtout pour l'avenir,
Apprenez à compatir
A la misère d'un autre.

LAURENT DE JUSSIEU *.

Exercices.

Après avoir relu la fable de La Fontaine, *La Cigale et la Fourmi*, faire ressortir la leçon morale renfermée dans le récit qui précède.

10. Les deux voisins.

Deux hommes étaient voisins, et chacun d'eux avait une femme et plusieurs petits enfants, et son seul travail pour les faire vivre.

Et l'un de ces deux hommes s'inquiétait en lui-même, en disant : « Si je meurs ou que je tombe malade, que deviendront ma femme et mes enfants ? »

Il vit quelques oiseaux entrer dans un buisson.

Et cette pensée ne le quittait point ; et elle rongeait son cœur, comme un ver ronge le fruit où il est caché.

Or, bien que la même pensée fût venue également à l'autre père, il ne s'y était point arrêté : « Car, disait-il, Dieu, qui connaît toutes ses créatures et qui veille sur elles, veillera aussi sur moi, et sur ma femme, et sur mes enfants. »

Et celui-ci vivait tranquille, tandis que le premier ne goûtait pas un instant de repos ni de joie intérieurement.

Un jour qu'il travaillait aux champs, triste et abattu à cause de sa crainte, il vit quelques oiseaux entrer dans un buisson, en sortir, et puis bientôt y revenir encore.

Et, s'étant approché, il vit deux nids posés côte à

côte, et dans chacun plusieurs petits nouvellement éclos et encore sans plumes.

Et, quand il fut retourné à son travail, de temps en temps il levait les yeux et regardait ces oiseaux, qui allaient et venaient, portant la nourriture à leurs petits.

Or, voilà qu'au moment où l'une des mères rentrait avec sa becquée, un vautour la saisit, l'enlève, et la pauvre mère, se débattant dans sa serre, jetait des cris perçants.

A cette vue, l'homme qui travaillait sentit son âme plus troublée qu'auparavant; car, pensait-il, la mort de la mère, c'est la mort des enfants.

Les miens n'ont que moi non plus : que deviendront-ils, si je leur manque? Et tout le jour il fut sombre et triste, et la nuit, il ne dormit point.

Le lendemain, de retour aux champs, il se dit : « Je veux voir les petits de cette pauvre mère : plusieurs sans doute ont péri. Et il s'achemina vers le buisson. Et, regardant, il vit les petits bien portants; pas un ne semblait avoir pâti. Et ceci l'ayant étonné, il se cacha pour observer ce qui se passerait. Et, après un peu de temps, il entendit un léger cri, et il aperçut la seconde mère rapportant en hâte la nourriture qu'elle avait recueillie; elle la distribua à tous les petits indistinctement, et il y en eut pour tous, et les petits orphelins ne furent point délaissés dans leur misère.

Et le père, qui s'était défié de la Providence, raconta le soir à l'autre père ce qu'il avait vu.

Et celui-ci lui dit : « Pourquoi s'inquiéter? Jamais Dieu n'abandonne les siens. Son amour a des secrets que nous ne connaissons point. Croyons, espérons, aimons, et poursuivons notre route en paix. Si je meurs avant vous, vous serez le père de mes enfants; si vous mourez avant moi, je serai le père des vôtres.

Et si, l'un et l'autre, nous mourons avant qu'ils soient en âge de pourvoir eux-mêmes à leurs nécessités, ils auront pour père le Père qui est dans les cieux. »

LAMENNAIS *.

EXERCICES.

Quelles raisons l'un de ces deux hommes avait-il de s'inquiéter de l'avenir? — Pourquoi l'autre était-il tranquille? — Racontez ce qu'il arriva au premier un jour qu'il était aux champs. — Quelle fut la réponse de son voisin, quand il alla lui faire part de ce qu'il avait vu?

---

11. Après la bataille.

Mon père, ce héros au sourire si doux,
Suivi d'un seul housard *, qu'il aimait entre tous
Pour sa grande bravoure et pour sa haute taille,
Parcourait à cheval, le soir d'une bataille,
Le champ couvert de morts sur qui tombait la nuit.
Il lui sembla dans l'ombre entendre un faible bruit.
C'était un Espagnol de l'armée en déroute,
Qui se traînait sanglant sur le bord de la route,
Râlant, brisé, livide, et mort plus qu'à moitié,
Et qui disait : « A boire ! à boire ! par pitié ! »
Mon père, ému, tendit à son housard fidèle
Une gourde de rhum qui pendait à sa selle,
Et dit : « Tiens, donne à boire à ce pauvre blessé. »
Tout à coup, au moment où le housard baissé
Se penchait vers lui, l'homme, une espèce de Maure *,
Saisit un pistolet qu'il étreignait encore,
Et vise au front mon père, en criant : « Caramba * ! »
Le coup passa si près que le chapeau tomba
Et que le cheval fit un écart en arrière.
« Donne-lui tout de même à boire », dit mon père.

VICTOR HUGO[1].

EXERCICE.

Comment nomme-t-on la vertu qui consiste à *rendre le bien pour le mal*?

1. *La Légende des siècles*, HACHETTE éditeur.

12. Fraternité.

Voyez cette pauvre créature gisante au coin de la rue, dans la défaillance du besoin, ou qu'un accident vient d'atteindre. Un homme la regarde, la plaint et passe. « Suis-je cause, se dit-il, qu'elle soit en cet état, et qui m'a chargé d'elle ? C'est bien assez d'avoir à songer à soi. »

Un autre la regarde aussi, et son âme s'émeut. Il s'approche, la prend dans ses bras, la porte en sa maison, la couche sur son lit, et la veille, et la soigne comme le frère soigne le frère.

De ces deux hommes lequel a vraiment accompli son devoir ?

LAMENNAIS *.

EXERCICES.

Répondez à la question contenue dans la dernière phrase et donnez la raison du jugement que vous porterez. — Qu'est-ce que la *fraternité?*

---

13. Dévouement patriotique.

On raconte que, dans la dernière insurrection de la Pologne *, un chef polonais sauva la petite troupe qu'il commandait par un acte de sublime dévouement. Il venait de faire traverser une rivière à ses soldats, et avait voulu rester le dernier sur la rive par où pouvait venir l'ennemi. Tout à coup, en effet, au moment où les derniers de ses hommes disparaissaient dans les roseaux de la rive opposée, il voit accourir sur lui un bataillon russe *. Immobile, il attend. On le saisit, on l'interroge, on veut lui faire dire que les Polonais ont passé par là : « Je n'en sais rien, répond-il. — La rivière est-elle guéable? — Je l'ignore. » Alors on lui ordonne d'entrer dans l'eau ; on veut s'assurer par lui-même que le passage est praticable. Sa résolution est bientôt prise. A tout prix, il faut faire croire à l'ennemi que la traversée est dangereuse, impossible : il faut gagner du temps. S'il passe, les Russes le suivent, et les Polonais, rejoints par une troupe deux fois plus forte, sont perdus sans ressource. Il avance donc dans l'eau, et feint d'enfoncer brusquement jusqu'à la ceinture, puis jusqu'aux épaules, enfin de perdre pied comme dans une eau profonde. Entraîné, roulé par le courant, il pousse jusqu'au bout sa généreuse ruse et son sacrifice : il se laisse noyer sous les yeux des Russes, persuadés que la rivière était un gouffre. Quand on découvrit ensuite la vérité, il était trop tard; la troupe polonaise était hors d'atteinte : elle était sauvée [1].

Il se laissa noyer sous les yeux des Russes.

MARION *.

EXERCICES.

Pourquoi le *mensonge* et la *ruse*, si blâmables d'ordinaire, méritent-ils ici d'être loués? — Les actes de dévouement relèvent-ils de la justice ou de la charité?

---

14. Trait de bonté.

Mme Geoffrin * avait commandé deux vases de marbre au célèbre Bouchardon *. Deux ouvriers les lui

1. *La Morale*, A. COLIN éditeur.

apportent. Elle s'aperçoit que l'un des couvercles était cassé : « Hélas ! oui, madame, lui dirent les ouvriers, et notre camarade à qui ce malheur est arrivé en est si fâché, qu'il n'a pas osé se plaindre; car si le maître a connaissance de sa maladresse, il le renverra, et c'est un homme qui a une nombreuse famille.

— Allons, allons, dit Mme Geoffrin, voilà qui est bien ; je n'en parlerai pas, et qu'il soit tranquille. »

Quand les ouvriers furent partis, elle se dit à elle-même : « Ce pauvre homme a eu bien de l'inquiétude et du chagrin ; il faut que je l'envoie consoler. » Elle appelle un de ses gens : « Allez chez M. Bouchardon ; vous demanderez un tel, vous lui donnerez ces douze livres *, et trois livres à ses camarades qui m'ont si bien parlé de lui. »

DUCLOS *.

EXERCICES.

Qu'est-ce qu'être *bon?* — Montrer qu'on peut exercer la bonté tous les jours, dans les petites choses. — En quoi Mme Geoffrin fit-elle acte de bonté? — Les pauvres n'ont-ils pas aussi l'occasion de montrer de la bonté?

15. Respect de la croyance d'autrui.

Chez un peuple où tous les cultes sont également protégés par la loi, où plusieurs communions distinctes sont également entretenues aux frais du Trésor, les établissements que l'État consacre à l'instruction publique sont, de plein droit et par la force même des choses, ouverts aux enfants de toutes les communions : d'où il suit premièrement, que l'instruction religieuse, sans cesser d'être purement religieuse, c'est-à-dire positive, approfondie, dogmatique *, doit être donnée séparément, par les ministres de chaque culte, aux élèves dont les familles appartiennent à des communions différentes; en second lieu, que l'instruction littéraire et scientifique, qu'ils reçoivent en commun, doit être donnée avec réserve et discernement sur tous les points qui peuvent avoir trait à la diversité des croyances.

Cet état de choses a ses avantages et ses périls. C'est l'éducation publique elle-même, c'est la vie, ce sont ses difficultés, ses embarras, ses épreuves, qui commencent dès le collège. Il est bon, puisque la liberté des cultes est bonne et nécessaire, d'apprendre aux hommes, dès l'enfance, à vivre en charité mutuelle; il est bon d'apprendre de bonne heure aux jeunes esprits à respecter les uns chez les autres ce qu'il y a au monde de plus respectable, la sincérité des convictions dans les choses qui touchent au salut.

ALBERT DE BROGLIE *.

EXERCICES.

Pourquoi faut-il respecter les croyances et les sentiments d'autrui? — Comment appelle-t-on la vertu qui consiste à respecter les croyances d'autrui? — Quel est le défaut contraire?

---

16. Tolérance.

Se pardonner l'un à l'autre, se tolérer l'un l'autre, est le seul moyen de jouir sans amertume des belles et saines émotions de la vie domestique. Tolérer les défauts et les travers des hommes est un devoir général de charité; mais, dans la famille, c'est un rigoureux devoir de prudence : car celui qui ne supporte rien n'est pas lui-même supporté. Ce qui doit nous rendre cette tolérance facile, c'est la pensée que chacun a ses défauts et qu'on n'a pas le droit d'exiger des autres la perfection qu'on ne s'impose pas à soi-même.

PAUL JANET *.

EXERCICES.

Qu'arrive-t-il à ceux qui n'ont nulle indulgence pour les défauts d'autrui? — Quelle pensée doit nous rendre la tolérance facile.

---

17. La vache égarée.

Qui de vous ne se souvient de Fénelon aidant la paysanne à retrouver sa vache? La pauvre femme pleurait, l'ayant perdue, et Fénelon * essayait de la consoler: « Je vous en achèterai une autre. — Ah! monsieur l'abbé, disait la femme, qui ne connaissait pas son archevêque, ce ne sera plus ma pauvre bonne vache. — Eh! bien, cherchons-la ensemble. » Ils la retrouvent. « Vous êtes un saint, monsieur l'abbé: vous avez retrouvé ma vache! » Elle se trompait d'un mot : il était un saint parce qu'il l'avait cherchée.

Vous êtes un saint, monsieur l'abbé.

SAINT-MARC GIRARDIN *.

EXERCICE.

Expliquez comment Fénelon était un *saint* pour avoir *cherché* et non pour avoir *trouvé* la vache de la pauvre femme.

18. Existence de Dieu.

Dieu n'est pas seulement conçu comme une cause créatrice toute-puissante. L'ordre admirable qui règne partout dans le monde ne peut avoir été établi que par une intelligence souveraine. De même qu'une belle machine suppose un bon ouvrier, et qu'une excellente horloge suppose un habile horloger, de même cet univers, où tout est si bien ordonné, depuis le cours des astres et la marche des saisons jusqu'au moindre détail de la vie des plantes et des animaux, est sans doute l'œuvre d'une sagesse incomparable, d'une providence partout répandue.

Et quand le spectacle des choses ne nous révèlerait pas un Dieu, notre conscience le proclamerait encore et crierait vers lui de toutes ses forces. Car, si nous ne reconnaissions pas sa puissance et son intelligence dans les lois de la nature, comment ne reconnaîtrions-nous pas son autorité suprême et la majesté de son commandement dans cette loi du devoir, qui parle si haut au dedans de nous? Et, quand nous voyons triompher les méchants et souffrir les bons contre toute justice, quand l'innocence est méconnue et persécutée, l'hypocrisie honorée, le droit écrasé par la force, comment croire que la plainte des faibles ne sera jamais entendue, et qu'un jour ne viendra pas, où il sera fait à chacun selon ses œuvres? Sans cette croyance au triomphe final de la justice, combien cette vie serait sombre et désolée!

Mais notre raison ne peut admettre un seul instant que le monde soit ainsi abandonné à sa force brutale, à l'aveugle hasard. Voilà pourquoi, depuis qu'il y a des hommes qui pensent, l'humanité croit à une justice cachée et s'incline devant une bonté divine [1].

MARION *.

EXERCICES.

Comment l'ordre de l'univers prouve-t-il l'existence de Dieu? — Connaissez-vous une autre preuve de l'existence de Dieu?

19. Devoirs envers Dieu.

I

Si l'homme avait quelque sentiment d'honneur et de gratitude, tout ce qu'il voit dans la nature, tout ce qu'il éprouve en lui-même, serait pour lui un sujet continuel de louange, de reconnaissance, d'actions de grâces.

L'herbe des champs fournit aux animaux du lait.

L'herbe des champs qui fournit aux animaux du lait pour sa nourriture, la laine de ces animaux qui lui fournit de quoi se vêtir, devraient le remplir d'admiration. Quand il voit le soc de la charrue briser et amollir les mottes de terre et tracer un long sillon pour recevoir la semence, il devrait s'écrier : « Que Dieu est grand! qu'il est bon de nous avoir procuré tous les instruments propres au labourage! » Quand lui-même se met à table pour manger, tout devrait le rappeler à Dieu et renou-

1. *La Morale*, A. COLIN éditeur.

veler sa reconnaissance. « C'est lui, devrait-il dire, qui m'a donné des mains pour prendre la nourriture, des dents pour la couper et la broyer, un estomac pour la digérer : et, ce qui est le sujet d'une louange infiniment plus intéressante pour moi, c'est lui qui, à tous les biens dont il me comble, ajoute l'avantage inestimable d'en connaître l'auteur et d'en faire un usage conforme à sa volonté. »

ROLLIN *.

II

Le premier culte qui soit agréable à Dieu, c'est d'être droit, juste, bienfaisant, de rester fidèle à sa parole, de sacrifier sans hésitation et sans murmure son intérêt à son devoir : de ne pas dégrader en soi, par des lâchetés ou des bassesses, le noble caractère de l'humanité : d'éviter avec scrupule toute occasion de blesser les droits d'autrui; de chercher, au contraire, l'occasion de se sacrifier au bonheur de ses semblables : de se faire un cœur bienveillant pour toutes les créatures de Dieu, et de laisser après soi des exemples de vertu et un souvenir sans tache.

Mais suffit-il, pour honorer Dieu, de se montrer fidèle à sa loi en faisant le bien? A côté de ce premier de tous les devoirs, n'y en a-t-il pas un autre plus spécial et dont nous ne saurions nous affranchir sans crime?

La reconnaissance ne doit pas être muette; elle doit se produire par des actes. Il y a quelque chose qui choque la conscience dans le spectacle d'un homme qui ne cherche pas toutes les occasions de montrer sa reconnaissance à son bienfaiteur : de même il ne se peut, qu'étant les enfants de Dieu, on n'entende pas sur nos lèvres le nom de notre père. Il ne faut pas dire que Dieu n'a pas besoin de nos respects, car la grandeur du bienfaiteur ne nous affranchit pas de nos obligations. Il est dans l'ordre que nous lui témoignions notre reconnaissance quoiqu'il ne puisse rien résulter à l'égard de lui de notre reconnaissance ou de notre ingratitude.

A ce premier motif il faut en joindre un autre. La piété envers Dieu nous donne de nouveaux motifs d'aimer le bien et de le pratiquer, et elle-même est un moyen de nous rendre le bien plus facile à accomplir. Tous les élans d'une âme pieuse et éclairée vers Dieu sont en même temps des aspirations vers la vertu, et elle ne peut pas accomplir un seul acte d'adoration sans se rappeler la nécessité d'obéir toujours au devoir, pour être toujours digne d'adorer Dieu [1].

JULES SIMON *.

EXERCICES.

Pourquoi avons-nous des devoirs envers Dieu? — Quels sont ces devoirs? — Suffit-il pour s'acquitter envers Dieu de faire le bien ici-bas et de laisser après soi des exemples de vertu?

---

20. Maximes.

Les gens qui ne sont contents de personne sont ceux mêmes dont personne n'est content.

LA BRUYÈRE *.

On ne peut faire du bien à tout le monde, mais on peut toujours témoigner de la bonté.

ROLLIN *.

Il n'y a que les grands cœurs qui sachent combien il y a de gloire à être bons.

FÉNELON *.

1. *La Religion naturelle*, HACHETTE éditeur.

L'impossibilité où je suis de prouver que Dieu n'est pas, me découvre son existence.

LA BRUYÈRE *.

On ne fait son bonheur qu'en s'occupant de celui des autres.

BERNARDIN DE SAINT-PIERRE *.

L'homme charitable ne doit pas seulement donner à ceux qui demandent; il doit aller au-devant de ceux qui n'osent demander.

SAINT AUGUSTIN *.

EXERCICES DE RÉCAPITULATION.

Dans quels préceptes se résument nos devoirs envers les autres hommes? — Que faut-il faire pour être un honnête homme? Que faut-il ne pas faire?

LIVRE III

INSTRUCTION CIVIQUE

CHAPITRE PREMIER

DEVOIRS DU CITOYEN

1. Devoirs de l'homme et du citoyen.

CONSTITUTION DU 22 AOÛT 1795.

Art. 1er. — La déclaration des droits[1] contient les obligations des législateurs : le maintien de la société demande que ceux qui la composent connaissent et remplissent également leurs devoirs.

2. — Tous les devoirs de l'homme et du citoyen dérivent de ces deux principes, gravés par la nature dans tous les cœurs : *Ne faites pas à autrui ce que vous ne voudriez qu'on vous fit; faites constamment aux autres le bien que vous voudriez en recevoir.*

3. — Les obligations de chacun envers la société consistent à la défendre, à la servir, à vivre soumis aux lois, et à respecter ceux qui en sont les organes.

4. — Nul n'est bon citoyen s'il n'est bon fils, bon père, bon frère, bon ami, bon époux.

5. — Nul n'est homme de bien s'il n'est franchement et religieusement observateur des lois.

1. Voir plus bas, Chapitre II.

6. — Celui qui viole ouvertement les lois se déclare en état de guerre avec la société.

7. — Celui qui, sans enfreindre ouvertement les lois, les élude par ruse ou par adresse, blesse les intérêts de tous; il se rend indigne de leur bienveillance et de leur estime.

8. — C'est sur le maintien des propriétés que reposent la culture des terres, toutes les productions, tout moyen de travail et tout l'ordre social.

9. — Tout citoyen doit ses services à la patrie et au maintien de la liberté, de la légalité et de la propriété, toutes les fois que la loi l'appelle à la défendre.

EXERCICES.

Qu'est-ce qu'un *droit?* Qu'est-ce qu'un *devoir?* — Quels sont les principaux devoirs de l'homme et du citoyen? — Pourquoi faut-il observer les lois?

---

2. Importance de la bonne éducation de la jeunesse.

L'éducation de la jeunesse a toujours été regardée par les plus grands philosophes * et par les plus fameux législateurs * comme la source la plus certaine du repos et du bonheur, non seulement des familles, mais des États mêmes et des empires. En effet, qu'est-ce qu'une république ou un royaume, sinon un vaste corps dont la vigueur et la santé dépendent de celles des familles particulières, qui en sont comme les membres et les parties, et dont aucune ne peut manquer à ses fonctions que le corps entier ne s'en ressente? Or, n'est-ce pas la bonne éducation qui met tous les citoyens, et encore plus les grands et les princes que tous les autres, en état de remplir dignement leurs différentes fonctions? N'est-il pas évident que la jeunesse est comme la pépinière de l'État; que c'est par elle qu'il se renouvelle et se perpétue; que c'est d'elle que viennent tous les pères de famille, tous les magistrats, tous les ministres, en un mot toutes les personnes constituées en autorité et en dignité? Et ne peut-on pas assurer que ce qu'il y a de bon ou de défectueux dans l'éducation de ceux qui rempliront un jour ces places, influe dans tout le corps de l'État et devient comme l'esprit et le caractère général de la nation entière?

ROLLIN *.

EXERCICES.

En quoi un homme instruit peut-il être plus utile à sa patrie qu'un ignorant? — Que signifie la phrase, que la jeunesse *est comme la pépinière de l'État?*

3. L'instruction obligatoire.

I

La loi, qui impose au père l'obligation de nourrir son enfant, manquerait de logique en ne lui imposant pas au même titre l'obligation de l'instruire... Non seulement l'instruction est un droit pour l'enfant, et cela déjà suffirait; mais, outre le droit de l'enfant, il y a un grand intérêt social. Pour le nier, il faudrait soutenir qu'il n'importe pas à la gloire, à la prospérité, à la sécurité d'un pays d'avoir des citoyens instruits, des ouvriers éclairés; qui l'oserait? Et si nous prétendions que ce n'est pas là seulement un grand intérêt, mais le premier et le plus sacré de tous, qui pourrait le contester?

JULES SIMON [1] *.

II

La prospérité de l'État ne dépend pas seulement de l'abondance des revenus, de la solidité des remparts,

1. *L'École*, HACHETTE éditeur.

de la beauté des édifices. Posséder des citoyens polis, instruits, honorables, d'une raison éclairée, voilà son premier intérêt, son salut et sa force.

LUTHER *.

EXERCICE.

Pourquoi a-t-on le droit d'imposer aux parents l'obligation d'instruire leurs enfants?

---

4. Le soldat.

Dans la France que tout divise,
Quel Français a pris pour devise :
Chacun pour tous, tous pour l'État?
Le soldat!

Dans nos heures d'indifférence,
Qui garde au cœur une espérance
Que tout heurte, que rien n'abat?
Le soldat!

Qui fait le guet quand tout sommeille,
Quand tout est en péril, qui veille,
Qui souffre, qui meurt, qui combat?
Le soldat!

O rôle immense! ô tâche sainte!
Marchant sans bruit, tombant sans plainte,
Qui travaille à notre rachat?
Le soldat!

Et sur sa tombe obscure et fière,
Pour récompense et pour prière
Que voudrait-il que l'on gravât?
Un soldat [1]!

PAUL DÉROULÈDE *.

EXERCICES.

Pourquoi est-ce un *devoir* d'être soldat? — Pourquoi est-ce un *honneur?* — Pour quels motifs devons-nous respecter les soldats, et honorer la mémoire de ceux qui sont morts pour la patrie?

---

5. L'obéissance militaire.

Un soldat du régiment des fusiliers *, qui travaillait à la tranchée *, y avait posé un gabion *; un coup de canon vint, qui emporta son gabion; aussitôt il en alla poser à la même place un autre, qui fut sur-le-champ emporté par un autre coup de canon. Le soldat, sans rien dire, en prit un troisième, et l'alla poser; un troisième coup de canon emporta ce troisième gabion Alors le soldat rebuté se tint en repos, mais son officier lui commanda de ne pas laisser cet endroit sans gabion. Le soldat dit : « J'irai, mais je serai tué. » Il y alla, et, en posant son quatrième gabion, eut le bras fracassé d'un coup de canon. Il revint, soutenant son bras pendant avec

1. *Chants du soldat*, CALMANN LÉVY éditeur.

l'autre bras, et se contenta de dire à son officier : « Je l'avais bien dit. » Il fallut lui couper le bras qui ne tenait presque à rien. Il souffrit cela sans desserrer les dents, et, après l'opération, dit froidement : « Je suis donc hors d'état de travailler; c'est maintenant au roi à me nourrir. »

RACINE *.

EXERCICES.

Que fait l'État pour les soldats blessés à son service? — Qu'est-ce que la *discipline?* — Montrer sa nécessité. — Est-ce à l'armée seulement que la discipline est nécessaire? — Citer un acte d'indiscipline.

---

6. Un épisode du combat d'Orléans *.

(*11 octobre 1870*).

« Un chasseur (du 5e bataillon de marche) a remarqué, sur un des côtés de la route de Chartres *, une excavation qui ressemble à une fosse : il va s'y embusquer. Une balle l'abat. Un second accourt, car la place est bonne. Il relève un peu son camarade; à la hâte, il le met en travers devant lui, et ce corps encore chaud devient son rempart. Il tire de là comme à coup sûr. Furieux de leurs pertes, cinquante ennemis le visent à la

Il se fait tuer à la même place.

fois. A son tour, le voilà renversé. Mais, admirable obstination de l'héroïsme ! ce trou rempli de sang, qui porte un cadavre au rebord, un cadavre dans sa profondeur, on dirait qu'il attire ces soldats avides de se battre : ils n'y aperçoivent point la mort ; ils n'y voient qu'un avant-poste d'où l'on peut tuer des ennemis. Un troisième vint donc s'y établir, mieux protégé par les deux hommes qui le couvraient qu'ils ne l'avaient été eux-mêmes : plus longtemps qu'eux il tire sur les Bavarois * ; mais, à la fin, lui aussi tombe et expire. Ce ne fut pas le dernier. Un quatrième s'y précipite, s'abrite derrière cette barrière de cadavres, se bat avec la même ardeur, appuyant son fusil sur les morts, et se fait tuer à la même place... On les trouva tous quatre l'un sur l'autre, étendus dans le même repos, victimes du même sacrifice. Comment se nommaient-ils, ces braves ? Dieu le sait ! Nous n'avons gardé d'eux que le souvenir de cette sublime énergie. »

A. BOUCHER [1].

EXERCICE.

Quels sentiments vous inspire ce récit ?

---

7. Le drapeau.

Lors de la capitulation de Metz * (octobre 1870), le maréchal Bazaine, auquel un mot suffisait pour faire détruire les drapeaux de son armée, préféra les déposer humblement aux pieds des Prussiens * vainqueurs. Cinquante-trois drapeaux furent livrés ainsi, à l'insu des chefs de corps, auxquels on avait laissé croire que cette humiliation serait épargnée à leurs soldats. Ce honteux et coupable abandon a été justement flétri par le général Pourcet * dans la page éloquente qu'on va lire.

Qu'est-ce que le drapeau ? Faut-il vous le redire encore après tant d'autres dont vous avez vu couler

1. *Le combat d'Orléans.*

ici les larmes, plus éloquentes que des phrases? A coup sûr, le drapeau est quelque chose qui leur tenait au cœur, à ces hommes de forte trempe et de haut courage, puisqu'ils suffoquaient au seul souvenir de ces heures d'angoisses, pendant lesquelles une indigne intrigue les enveloppait, et dérobait à leur vigilance les trophées qui ornent aujourd'hui les palais et les basiliques de Berlin * ! Quelques-uns vous l'ont dit, ces drapeaux couchés dans les fourgons et cachés à tous les regards, c'était, leur semblait-il, comme un lambeau de leur honneur, comme une part de leur âme qu'on leur arrachait, et ceux qui les escortaient avaient l'air de conduire le deuil de la Patrie : c'était, en effet, le deuil de sa gloire éclipsée, de son bonheur perdu [1].

Oui, le drapeau, c'est bien, ainsi qu'on vous l'a dit, l'image de la France, c'est bien l'image de ce qu'elle aime, admire et honore le plus, car c'est l'emblème du sacrifice. Il parle à tous un langage ferme et limpide, entendu des plus humbles comme des plus grands : il faut le suivre tant qu'il avance, et, s'il tombe, le relever pour le porter plus loin : cela est simple et cela suffit.

Ce drapeau, qu'on a pu livrer sans le ternir (trop d'éclat l'environne !), il a été associé aux triomphes de la France et à ses désastres, hélas ! à ses joies comme à ses souffrances; il a flotté sur nos splendeurs et nos

1. Plusieurs régiments ne voulurent pas remettre leurs drapeaux. Le général Lapasset et le général de Laveaucoupet firent brûler, en présence des officiers, ceux des régiments placés sous leurs ordres. Le général Jeanningros, qui commandait le 1er régiment de grenadiers et les zouaves de la garde fit déchirer les deux drapeaux, scier les hampes et les aigles, et distribuer les morceaux entre les officiers et les soldats du régiment : « Les drapeaux de ma brigade n'iront pas à Berlin », répondit-il fièrement à ceux qui lui ordonnaient de les verser à l'arsenal.

ruines, toujours honoré, relevant comme une promesse les courages abattus dans les jours de détresse et jalonnant la route du devoir, devant les générations qui se succédaient à son ombre. Ainsi lié à nos destinées, cette grande et simple image de la patrie, vrai symbole de son impérissable grandeur, nous apparaît si pleine de brûlants souvenirs et d'enivrantes espérances, que l'héroïsme en déborde sur les rangs sans cesse renouvelés de ceux qui se pressent autour d'elle.

S'il tombe, il faut le relever.

C'est bien là le drapeau de la France, dont toute l'histoire se résume en ce peu de mots, échappés, dans un jour de péril et d'agitation populaire, à l'âme inspirée d'un grand citoyen [1] : « Il a fait le tour du monde avec nos libertés et nos gloires. »

Général Pourcet.

Exercices.

Qu'est-ce que le *drapeau?* — Que représente-t-il? — Quels sont les devoirs du soldat à l'égard du drapeau? — Quelles sont les couleurs du drapeau français?

1. M. de Lamartine : « Le drapeau rouge, avait-il dit, n'a jamais fait que le tour du Champ-de-Mars, traîné dans le sang du peuple, en 91 et 93, et le drapeau tricolore a fait le tour du monde avec le nom, la gloire et la liberté de la patrie. »

8. L'impôt.

Que penserions-nous d'un compagnon qui, ayant soupé avec ses amis à la taverne, ayant pris sa part des plaisirs de la soirée, s'arrangerait pour rejeter toute la dépense sur les autres, afin de sortir sans payer son écot *? Celui qui agirait de la sorte, on l'appellerait un drôle. Quel nom donnera-t-on à celui qui jouit des inestimables bienfaits de la société politique, et qui, néanmoins, se sert de la contrebande * ou des contrebandiers pour ne pas payer sa juste part des dépenses, telle que l'ont établie ses propres représentants au Parlement, et pour la rejeter injustement sur ses voisins plus honnêtes, et peut-être beaucoup plus pauvres que lui ? Il me dira qu'il ne fait aucun tort à ses voisins; tout ce qu'il fait, c'est de tricher un peu le Trésor, qui est assez riche pour supporter la perte. Mais c'est là une erreur. Le Trésor public, c'est le trésor de la nation; l'argent en est consacré aux dépenses nationales. Et quand on établit un impôt pour une certaine dépense publique et nécessaire, si la fraude fait tomber le revenu au-dessous de la somme exigée, s'il faut établir de nouveaux droits pour combler ce déficit, tout ce qu'on ajoute de nouvelles taxes, tout ce qui, à ce sujet, est payé par le reste du peuple, ne fût-ce qu'un sou ou un centime par tête, tout cela est pris dans la poche du peuple par les contrebandiers ou par ceux qui les encouragent. Ceux qui agissent ainsi ne sont autre chose que des filous.

Franklin *.

Exercices.

Qu'est-ce que l'*impôt?* — Est-il juste de payer l'impôt? — Qu'arriverait-il si on supprimait les impôts? — Que recevons-nous de l'État en échange de l'impôt que nous payons? — Que penser des gens qui croient pouvoir *tricher le Trésor?*

CHAPITRE II

DROITS DU CITOYEN

. . . .

1. Des droits de l'homme et du citoyen.

CONSTITUTION DU 24 JUIN 1793.

Extraits.

Art. 1er. — Le but de la société est le bonheur commun. Le gouvernement est institué pour garantir à l'homme la jouissance de ses droits naturels et imprescriptibles *.

2. — Ces droits sont l'*égalité*, la *liberté*, la *sûreté*, la *propriété*.

3. — Tous les hommes sont *égaux* par la nature et devant la loi.

4. — La *loi* est l'expression libre et solennelle de la volonté générale : *elle est la même pour tous*, soit qu'elle protège, soit qu'elle punisse : elle ne peut ordonner que ce qui est juste et utile à la société; elle ne peut défendre que ce qui lui est nuisible.

5. — *Tous les citoyens sont également admissibles aux emplois publics*. Les peuples libres ne connaissent d'autres motifs de préférence, dans leurs élections, que les vertus et les talents.

6. — La *liberté* est le pouvoir qui appartient à l'homme de *faire tout ce qui ne nuit pas aux droits d'autrui* : elle a pour principe la nature, pour règle la justice, pour sauvegarde la loi; sa limite morale est dans cette maxime : *Ne fais pas à un autre ce que tu ne veux pas qu'il te soit fait.*

. . . .

8. — La *sûreté* consiste dans la protection accordée par la société à chacun de ses membres pour la conservation de sa personne, de ses droits, de ses propriétés.

. . . .

10. — Nul ne doit être accusé, arrêté, ni détenu, que dans les cas déterminés par la loi et selon les formes qu'elle a prescrites. Tout citoyen appelé ou saisi par l'autorité de la loi doit obéir à l'instant; il se rend coupable par la résistance.

. . . .

16. — Le droit de *propriété* est celui qui appartient à tout citoyen, de jouir et de disposer à son gré de ses biens et de ses revenus, du fruit de son travail et de son industrie.

. . . .

19. — Nul ne peut être privé de la moindre portion de sa propriété sans son consentement, si ce n'est lorsque la nécessité publique, légalement constatée, l'exige, et sous la condition d'une juste et préalable indemnité.

. . . .

22. — L'instruction est le besoin de tous. La société doit favoriser de tout son pouvoir les progrès de la raison publique et mettre l'instruction à la portée de tous les citoyens.

Exercices.

Quel est le but de la *société?* — Que signifie au juste l'expression : tous les hommes sont *égaux par la nature?* — Qu'est-ce que l'*égalité civile?* — Qu'est-ce que la *liberté?* — Quelle est la limite de notre liberté? — Quelles sont les plus importantes de nos *libertés?* — Qu'est-ce que la *liberté de travail?* — A-t-on le droit de se faire justice soi-même? — Qu'est-ce que le droi de *propriété?* — Exposez les servicets rendus par les gendarmes et les gardes champêtres.

2. Retraite et mort de Washington.

Lorsque les quatre années de sa seconde présidence furent écoulées, Washington * ne voulut plus être réélu. Vainement les électeurs insistèrent auprès de lui. Il répondit : « On ne me déterminera point à rester au pouvoir. J'ai résolu de rentrer dans la retraite d'où m'ont tiré, malgré moi, vos suffrages, et je suis heureux de pouvoir le faire sans manquer à aucun devoir civique. Ma carrière politique va finir ; mais ma sollicitude pour vous ne saurait finir qu'avec ma vie. Voilà pourquoi je veux vous dire ce que les faits et mes réflexions m'ont appris être le meilleur pour les États-Unis. Acceptez avec bienveillance les conseils désintéressés d'un ami qui, prêt à se séparer de vous, ne peut avoir aucun avantage à vous tromper. Je vous recommanderais d'abord l'amour de la liberté, si je ne savais combien cet amour est profondément gravé dans vos âmes. Mais n'oubliez pas que l'union est le ciment de la liberté. Vous ne conserverez l'une qu'autant que vous demeurerez attachés à l'autre. La stabilité de

Washington ne voulut plus être réélu.

l'union trouvera sa meilleure garantie dans la sagesse du gouvernement républicain que vous vous êtes donné. Ce gouvernement est un gouvernement de liberté. Essentiellement perfectible, il repose sur le droit reconnu au peuple de régler et de modifier ses institutions. Dans vos relations avec les autres peuples, observez scrupuleusement les règles de la justice et de la bonne foi. Pour les nations comme pour les particuliers, l'honnêteté est la meilleure politique. Nourrissez vos enfants dans le culte des lois et de la patrie; accoutumez-les à confondre leurs intérêts propres avec l'intérêt commun, et à mettre au-dessus de tout le bien public. Multipliez les institutions destinées à propager les lumières. L'instruction de tous, désirable sous tous les régimes, est indispensable sous le régime républicain, qui fait de l'*opinion* la force toute-puissante. Ne souffrez pas que l'esprit religieux dégénère en intolérance; mais vous-même ne soyez pas intolérants à l'égard de l'esprit religieux, viatique * des idées morales dans un si grand nombre d'âmes. La moralité est le ressort essentiel de tout gouvernement populaire. Où manquent les bonnes mœurs, les bonnes lois sont stériles et les dictateurs succèdent aux dictatures. Ayez le respect profond de la légalité et n'oubliez jamais qu'au droit du peuple de choisir lui-même son gouvernement correspond le devoir qu'a chaque particulier de se soumettre au gouvernement établi. Toute opposition qui viole les lois doit être proscrite. C'est en les observant qu'on doit arriver à les réformer. Respectez la constitution comme la conscience vivante de la patrie; chérissez en elle la propriété sacrée, qui est la sauvegarde de toutes les autres; ne laissez pas toucher à ces droits de l'homme et du citoyen qu'elle garantit, pas plus que vous ne laisseriez toucher à la prunelle de votre œil. M'apprêtant à prendre congé de vous, je me complais d'avance dans cette retraite où je vais partager, avec mes concitoyens, le doux bienfait de bonnes lois sous un gouvernement libre. Voyez avec indulgence les fautes que j'ai pu commettre. Mes intentions ont été bonnes. »

Washington se retira, avec la joie d'un bon ouvrier qui a terminé sa journée. Il alla vivre tranquillement dans son domaine de Mount-Vernon, entouré de parents et d'amis, à côté de petits enfants qui grimpaient sur ses genoux. Quand il mourut, l'Amérique entière pleura : « Il est donc mort, disait-on, le héros sans tache, qui a été *le premier dans la guerre, le premier dans la paix, le premier dans le cœur de ses concitoyens.* »

J. FABRE [1].

EXERCICES.

Que savez-vous de Washington? — Pourquoi refusa-t-il une troisième présidence? — Quels conseils donna-t-il à ses concitoyens en se retirant?

---

3. Liberté, Égalité, Fraternité.

Liberté, Égalité, Fraternité. Je ne vois rien à retrancher de cette noble devise : mais l'instruction nous amènera à en mieux comprendre le sens et la portée.

Liberté : mais non pas celle qui a des mains sanglantes. Notre liberté, à nous, est celle qui use de ses droits jusqu'au bout, mais qui connaît ses devoirs, et qui les remplit aussi jusqu'au bout.

Égalité : mais non pas cette égalité par en bas, cette égalité jalouse, qui est toujours prête à servir, pourvu

1. *Les libérateurs*, CH. DELAGRAVE éditeur.

qu'on serve avec elle. Ce qu'il nous faut, c'est cette égalité par en haut, qui élève tous les hommes en leur donnant les mêmes idées, en leur faisant parler la même langue, en leur donnant un même cœur.

Fraternité : non pas seulement cette charité qui soulage des maux incurables, mais cette fraternité qui fait que, pauvre ou riche, fort ou faible, jeune ou vieux, chacun s'entr'aide, se soutient, s'appuie pour marcher ensemble vers la conquête d'un meilleur avenir ; cette fraternité qui condamne deux maux que Dieu n'a pas faits : l'ignorance et la misère.

En gardant cette devise : *liberté, égalité, fraternité* nous soutiendrons d'une main ferme notre vieux drapeau et nous étonnerons le monde par une grandeur inconnue [1].

LABOULAYE *.

EXERCICES.

Qu'est-ce que la vraie *égalité?* — Quels devoirs nous impose la *fraternité?*

1. *Discours populaires*, CHARPENTIER éditeur.

DEUXIÈME PARTIE

PATRIE

1. La France jugée par un Américain.

Interrogez de la même manière un homme qui a voyagé, à quelque nation qu'il appartienne, et demandez-lui dans quelle contrée de la terre il préfèrerait passer sa vie, il vous répondra : « Dans ma patrie, sans doute, où j'ai tous mes parents, toutes mes relations, où je retrouve mes premières affectionset les plus doux souvenirs de ma vie. — Et en second lieu, quel serait votre choix? — La France. »

JEFFERSON *.

EXERCICE.

Quelle conclusion tirez-vous du mot de Jefferson?

---

2. Ringois (1360).

Par la paix de Brétigny *, une des plus honteuses que la France ait jamais eu à subir, le roi Jean * cédait au roi d'Angleterre plus du quart de la France. Mais il est plus facile à l'étranger de conquérir le sol que les gens qui l'habitent, et, bien que le pays fût épuisé, les populations cédées refusèrent longtemps de passer sous la loi de l'ennemi. Une des villes qui avaient le plus de peine à se faire à l'idée de devenir anglaise était Abbeville *. Aussitôt que les Anglais eurent pris possession de la ville, une insurrection éclata. Un des principaux chefs était un bourgeois, nommé Ringois.

L'insurrection fut réprimée et Ringois fut pris. Le gouverneur anglais pensa que ce serait une grande chose de gagnée s'il pouvait décider Ringois à reconnaître le roi d'Angleterre, car il pourrait dire alors aux habitants : « Vous voyez bien que nous avons le droit pour nous, puisqu'un patriote comme Ringois nous reconnait. » Il lui offrit donc la vie sauve s'il consentait à prêter serment au roi d'Angleterre. Ringois répondit : « Non ! je suis Français. » On le transporta alors en Angleterre, espérant que, séparé de ses compatriotes, et seul sur la terre étrangère, son courage faiblirait.

« Je suis Français. »

Il y a sur la côte d'Angleterre, à Douvres *, en face de Calais *, à l'endroit où la mer qui sépare la France de l'Angleterre est la plus étroite, une falaise d'une hauteur prodigieuse. Elle est si haute, que, du sommet, l'on n'entend pas le bruit des vagues qui se brisent à ses pieds; les corbeaux qui volent à mi-chemin paraissent à peine gros comme des hannetons, et les barques de pêcheurs paraissent comme des points sur la mer. C'est là que les soldats conduisirent Ringois, et, lui montrant du doigt l'abîme, lui dirent : « Prête serment. » Il répondit : « Je suis Français, » et il tomba aussitôt, précipité à coups de lance dans le gouffre.

C'est ainsi que mourut Ringois, plutôt que de reconnaître le droit de la force, et, malgré la conquête, il mourut Français, comme il avait vécu.

J.-D. Le Français [1].

Exercices.

Racontez l'histoire de Ringois. — Montrer ce que sa conduite eut d'héroïque.

---

3. Jeanne d'Arc.

Une enfant de douze ans, une toute jeune fille, confondant la voix de son cœur avec la voix du ciel, conçoit l'idée étrange, improbable, absurde, si l'on veut, d'exécuter la chose que les hommes ne peuvent plus faire, de sauver son pays. Elle couve cette idée pendant six ans, sans la confier à personne; elle n'en dit rien même à sa mère... Elle attend qu'elle ait dix-huit ans, et alors, immuable, elle l'exécute malgré les siens et malgré tout le monde. Elle traverse la France ravagée et déserte, les routes infestées de brigands; elle s'impose à la cour de Charles VII *, se jette dans la guerre et dans les camps, qu'elle n'a jamais vus, dans les combats; rien ne l'étonne; elle plonge, intrépide, au milieu des épées; blessée toujours, découragée jamais, elle rassure les vieux soldats, entraîne tout le peuple qui devient soldat avec elle, et personne n'ose plus avoir peur de rien. Tout est sauvé. La pauvre fille, de ce corps délicat et tendre, a émoussé le fer, brisé l'épée ennemie, couvert de son sein le sein de la France.

La récompense, la voici. Livrée en trahison, outragée des barbares, abandonnée et de son roi et du peuple qu'elle a sauvés, elle monte au-dessus d'elle-même,

1. *Lectures patriotiques*, Delagrave éditeur.

éclate en paroles sublimes qui feront pleurer éternellement. Quand on lui demanda, à cette fille jeune et simple, qui n'avait fait que coudre et filer pour sa mère,

comment elle avait pris sur elle de se faire homme, comment elle avait fait l'effort, elle, si timide et rougissante, de s'en aller parler aux soldats, de les mener, les commander, les réprimander, les forcer de combattre; elle ne dit qu'un mot : « La *pitié* qu'il y avait au royaume de France [1]. » Souvenons-nous toujours, Français, que la patrie, chez nous, est née du cœur d'une femme, de sa tendresse et de ses larmes, du sang qu'elle a donné pour nous [2].

MICHELET *.

EXERCICES.

Qu'a fait Jeanne d'Arc? — Comment est-elle morte? Montrer, par son exemple, qu'il ne faut jamais désespérer de son pays. — Quels sentiments devons-nous avoir pour la mémoire de Jeanne d'Arc? — Comment peut-on dire qu'elle est l'image vivante de la patrie?

1. Elle disait encore : « Je n'ai jamais vu sang de Français que mes cheveux ne levassent. »

2. *Jeanne d'Arc*, HACHETTE éditeur.

4. Mort de Bayard.

(30 avril 1524.)

On combattait depuis l'aube; il pouvait être dix heures du matin. Bayard * rejoignait le gros de sa troupe lorsqu'une pierre, lancée par une arquebuse à croc *, le frappa dans les reins et lui brisa l'épine dorsale. Il jeta ce cri : « Jésus ! » puis ajoutant : « Hélas ! mon Dieu, je suis mort ! » il prit son épée par la poignée, l'éleva en forme de croix, la baisa et prononça tout haut ces paroles : « Ayez pitié de moi, Seigneur ! »

Il devint pâle, comme perdant connaissance, et faillit tomber de cheval ; mais il eut encore l'énergie de saisir l'arçon de la selle, et demeura ainsi jusqu'à ce que son maître d'hôtel, Jacques Joffrey, vînt l'aider à descendre : « Appuyez-moi contre cet arbre, dit-il, et placez-moi de telle sorte que j'aie le visage tourné vers les ennemis. Jamais je ne leur ai montré le dos; je ne veux pas commencer en mourant ; car c'est fait de moi... »

Les Espagnols approchaient. Il fallut un ordre formel de Bayard pour que les serviteurs et hommes d'armes consentissent à se séparer de lui. Ils s'en allèrent rejoindre l'armée en marche, et là, avec tous les capitaines, gendarmes et gens de pied, ils s'abandonnaient à leur désespoir.

Les Espagnols eux-mêmes, soldats et gentilshommes, apprenant que Bayard était frappé à mort, témoignèrent une réelle affliction. Leur chef, le marquis de Pescaire, accourut à cheval, et, mettant pied à terre : « Je devrais, dit-il au chevalier, être fort aise de vous voir comme je vous vois, sachant bien qu'en ces guerres, l'empereur mon maître n'avait point de plus grand ni de plus rude ennemi. Cependant, quand je considère la grosse perte que fait aujourd'hui toute chevalerie, Dieu ne me soit jamais en aide s'il n'est vrai que je voudrais avoir donné la moitié de ce que je possède, et qu'il en fût autrement. »

« Moi, c'est pour mon roi et pour ma foi que je meurs. »

Il voulait faire transporter Bayard en quelque logis voisin. « Non, dit Bayard, laissez-moi sur le champ même où j'ai combattu, afin que je meure ici en homme de guerre et comme je l'ai toujours désiré. » Ayant donc fait tendre un pavillon au-dessus du blessé, que l'on coucha sur un lit de camp, le généreux Espagnol le laissa sous la garde de deux de ses gentilshommes et se remit à la tête de ses cavaliers, disant : « La France ne sait pas tout ce qu'elle a perdu aujourd'hui en ce bon chevalier! »

A mesure que l'armée espagnole passait, courant à la poursuite des nôtres, il n'y eut galant homme qui ne s'arrêtât pour voir et saluer le glorieux moribond. Charles de Bourbon * y vint comme les autres. « Hé ! capitaine Bayard, dit-il en s'approchant de son ancien frère d'armes, vous que j'ai toujours aimé pour votre grande prouesse * et loyauté, que j'ai grande pitié de vous voir en cet état ! — Ah ! pour Dieu, monseigneur, n'ayez point pitié de moi, mais plutôt de vous-même, qui combattez contre votre foi et votre roi. Moi, c'est pour mon roi et pour ma foi que je meurs. » Si jamais le connétable * de Bourbon * se sentit coupable et connut le remords, ce dut être en entendant cette sévère leçon de patriotisme sortir de la bouche la plus loyale et du cœur le plus droit qui fût alors. Dévorant sa honte, il remonta à cheval et partit au galop, sans proférer une parole...

Cependant la vie abandonnait Bayard, et sa lente agonie touchait à sa fin. Celui qu'on appelait le *Chevalier sans peur et sans reproche* expira sur les six heures après midi. Il était âgé de quarante-huit ans.

D'après le LOYAL SERVITEUR *.

EXERCICES.

Comment Bayard voulut-il qu'on le plaçât pour mourir ? — Que lui dit le marquis de Pescaire ? — Quelle leçon de patriotisme Bayard donna-t-il au connétable de Bourbon ?

---

5. Henri IV à ses compagnons au moment d'engager la bataille d'Ivry *.

(1590.)

« Mes compagnons, Dieu est pour nous ! Voici ses ennemis et les nôtres ! Voici votre roi ! A eux ! Si vous perdez vos cornettes *, ralliez-vous à mon panache blanc : vous le trouverez au chemin de la victoire et de l'honneur. »

D'AUBIGNÉ *.

EXERCICES.

Expliquez le mot de Henri IV. — Que savez-vous de ce roi?

---

6. Dernières paroles de Richelieu * mourant.

Le but de mon ministère a été de rendre à la Gaule * les frontières que lui a destinées la nature, d'identifier la Gaule à la France, et de rétablir la nouvelle Gaule partout où a été l'ancienne.

EXERCICES.

Quelles sont les frontières naturelles de la Gaule? — Quand la France les a-t-elle perdues?

---

7. Dévouement du chevalier * d'Assas.

En 1760, le prince héréditaire de Brunswick * assiégeait Vésel *. Le marquis de Castrie *, qui commandait l'armée française, parvint à jeter des secours dans la place. Méditant une action plus décisive encore, il vint camper, le 15 octobre, à un quart de lieue de l'abbaye appelée Clostercamp *. Le prince ne crut pas devoir l'attendre, et se porta au-devant de lui par une marche forcée, la nuit du 15 au 16. Le général français, qui se doute du dessein du prince, fait coucher son armée sous les armes ; il envoie à la découverte pendant la nuit M. d'Assas, capitaine au régiment d'Auvergne *. A peine cet officier a-t-il fait quelques pas, que des grenadiers * ennemis en embuscade l'environnent et le le saisissent, à peu de distance de son régiment; ils lui présentent la baïonnette, et lui disent que, s'il fait du bruit, il est mort. M. d'Assas se recueille un moment pour mieux renforcer sa voix ; il crie : « A moi,

« A moi, Auvergne, voilà les ennemis! »

Auvergne, voilà les ennemis ! » Il tombe aussitôt percé de coups. Ce dévouement, digne des anciens Romains, aurait été immortalisé par eux. On dressait alors des statues à de pareils hommes ; de nos jours, ils sont oubliés [1].

VOLTAIRE *.

EXERCICES.

Raconter la mort du chevalier d'Assas. — Montrer ce qu'elle a d'héroïque. — Pouvez-vous citer d'autres traits de dévouement patriotique.

1. Voltaire écrivait ceci en 1778 ; sa noble réclamation fut entendue de Louis XVI, qui créa pour la famille d'Assas une pension de mille livres, reversible à perpétuité aux aînés de son nom. Après 1830, on a élevé au chevalier d'Assas une statue sur la principale place de la petite ville de Le Vigan (Gard), où il était né.

8. Noble exemple de patriotisme.

A la bataille de Jemmapes *, au moment où une colonne, abordant une des redoutes, défilait devant le général Dampierre * aux cris de *Vive la République !* celui-ci aperçut, au milieu des volontaires, un vieillard à cheveux blancs qui versait des pleurs en se frappant le sein : « Qu'as-tu, mon ami? lui dit Dampierre; est-ce le moment de s'attrister pour un soldat, que celui qui le mène à la victoire ou à la mort ! — O mon fils ! ô mon fils ! se répondit à lui-même le vieux combattant, faut-il que la pensée de la honte empoisonne pour moi un si glorieux moment ! » Et il raconta au général que son fils, enrôlé dans le premier bataillon de Paris, avait déserté son drapeau, et que lui-même, il était parti à l'instant pour le remplacer et pour donner sa vie en échange du bras que la lâcheté de son fils avait enlevé à la nation. Ce trait fut consigné dans les proclamations de Dumouriez * à son armée. Les jeunes soldats voulaient voir ce vétéran * qui rachetait de son sang la faute de son fils, et pensaient à leurs pères en le voyant [1].

LAMARTINE *.

EXERCICES.

Pourquoi le vieillard pleurait-il? — Quelle faute son fils avait-il commise? — Que fit Dumouriez quand ce trait lui fut connu? — Pourquoi les jeunes soldats pensaient-ils à leur père, en voyant ce vieillard?

---

9. Deux héroïnes.

M. de Fernig, ancien officier retraité, retiré dans le village de Mortagne, était père d'une nombreuse

1. *Les Girondins*, HACHETTE éditeur.

famille. Les fils servaient, l'un à l'armée des Pyrénées *, l'autre à l'armée du Rhin *. Ses quatre filles, à qui la mort avait enlevé leur mère, vivaient auprès de lui. Deux d'entre elles étaient encore enfants, les deux aînées touchaient à peine à l'adolescence. Leur père, qui commandait la garde nationale de Mortagne, avait animé de son ardeur militaire les paysans de son canton. Il avait fait un camp de tout le pays. Il aguerrissait les habitants par des escarmouches continuelles contre les hussards * ennemis qui franchissaient souvent la ligne de la frontière pour venir insulter, piller, incendier la contrée. Il se passait peu de nuits pendant lesquelles il ne dirigeât en personne ces patrouilles civiques et ces expéditions. Ses filles tremblaient pour ses jours. Les deux aînées, Théophile et Félicité, plus émues encore des dangers que courait leur père que des dangers de la patrie, se confièrent mutuellement leurs inquiétudes et sentirent naître à la fois dans leur cœur la même pensée. Elles résolurent de s'armer aussi, de se mêler, à l'insu de M. de Fernig, dans les rangs des cultivateurs dont il avait fait des soldats, de combattre avec eux, de veiller surtout sur leur père, et de se jeter entre la mort et lui s'il venait à être menacé de trop près par les cavaliers ennemis.

Elles couvèrent leur résolution dans leur âme et ne la révélèrent qu'à quelques habitants du village, dont la complicité leur était nécessaire pour les dérober aux regards de leur père. Elles revêtirent des habits d'hommes, que leurs frères avaient laissés à la maison en partant pour l'armée, elles s'armèrent de leurs fusils de chasse, et, suivant, plusieurs nuits, la petite colonne guidée par M. de Fernig, elles firent le coup de feu avec les maraudeurs autrichiens *, s'aguerrirent à la marche, au combat, à la mort, et électrisèrent par leur exemple les braves paysans du hameau. Leur secret fut longtemps et fidèlement gardé. M. de Fernig, en rentrant le matin dans sa demeure et en racontant à table les aventures, les périls et les exploits de la nuit à ses enfants, ne soupçonnait pas que ses propres filles avaient combattu au premier rang de ses tirailleurs et quelquefois préservé sa propre vie [1].

LAMARTINE *.

EXERCICES.

Que firent les demoiselles de Fernig? — Pourquoi avaient-elles pris cette résolution? — Que pensez-vous de leur conduite?

---

10. La garde * impériale à Waterloo *.

Les débris des bataillons de la garde, poussés pêle-mêle dans le vallon, se battent toujours sans vouloir se rendre. A ce moment, on entend ce mot qui traversera les siècles, proféré selon les uns par le général Cambronne *, selon les autres par le colonel Michel * : *La garde meurt et ne se rend pas.* Cambronne, blessé presque mortellement, reste étendu sur le terrain, ne voulant pas que ses soldats quittent leurs rangs pour l'emporter. Le deuxième bataillon du 3e de grenadiers *, demeuré dans le vallon, réduit de 500 à 300 hommes, ayant sous ses pieds ses propres camarades, devant lui des centaines de cavaliers abattus, refuse de mettre bas les armes et s'obstine à combattre. Serrant toujours ses rangs à mesure qu'ils s'éclaircissent, il attend une dernière attaque, et, assailli sur ses quatre faces à

1. *Histoire des Girondins*, HACHETTE éditeur.

la fois, fait une décharge terrible qui renverse des centaines de cavaliers. Furieux, l'ennemi amène de l'artillerie et tire à outrance sur les quatre angles du carré. Les angles de cette forteresse vivante abattus, le carré se resserre, ne présentant plus qu'une forme irrégulière, mais persistante. Il dédouble ses rangs, pour occuper plus d'espace et protéger ainsi les blessés qui ont cherché asile dans son sein. Chargé

« Ne nous rendons pas! » s'écrient ces braves.

encore une fois, il demeure debout, abattant par son feu de nouveaux ennemis. Trop peu nombreux pour rester en carré, il profite d'un peu de répit afin de prendre une forme nouvelle, et se réduit alors à un triangle, tourné vers l'ennemi, de manière à sauver, en rétrogradant, tout ce qui s'est réfugié derrière ses baïonnettes. Il est bientôt assailli de nouveau. « *Ne nous rendons pas!* » s'écrient ces braves gens, qui ne sont plus que cent cinquante. Tous alors, après avoir tiré une dernière fois, se précipitent sur la cavalerie acharnée à les poursuivre, et, avec leurs baïonnettes, tuent des hommes et des chevaux, jusqu'à ce qu'enfin ils succombent dans ce sublime et dernier effort.

Dévouement admirable, et que rien ne surpasse dans l'histoire des siècles [1]!

A. THIERS *.

EXERCICES.

Quelle fut la réponse faite aux ennemis qui sommaient la Garde de se rendre? — Que fit le général Cambronne? — Qu'advint-il du carré des Grenadiers?

---

11. Le vieux sergent.

Près du rouet de sa fille chérie,
Le vieux sergent se distrait de ses maux,
Et d'une main, que la balle a meurtrie,
Berce en riant deux petits-fils jumeaux.
Assis tranquille au seuil du toit champêtre,
Son seul refuge après tant de combats,
Il dit parfois : « Ce n'est pas tout de naître;
Dieu, mes enfants, vous donne un beau trépas! »

Mais, qu'entend-il? le tambour qui résonne!
Il voit au loin passer un bataillon.
Le sang remonte à son front qui grisonne;
Le vieux coursier a senti l'aiguillon.
Hélas! soudain, tristement il s'écrie :
« C'est un drapeau que je ne connais pas [2]! »
Ah! si jamais vous vengez la patrie,
Dieu, mes enfants, vous donne un beau trépas!

Qui nous rendra, dit cet homme héroïque,
Aux bords du Rhin *, à Jemmapes *, à Fleurus *,
Ces paysans, fils de la République,
Sur la frontière, à sa voix accourus!
Pieds nus, sans pain, sourds aux lâches alarmes,

1. *Histoire du Consulat et de l'Empire*, FURNE éditeur.

2. Le drapeau blanc, qui fut celui du gouvernement de la Restauration (1815-1830). Le vieux sergent avait fait les guerres de la République et de l'Empire sous le drapeau tricolore.

Tous à la gloire allaient du même pas.
Le Rhin lui seul peut retremper nos armes.
Dieu, mes enfants, vous donne un beau trépas !

De quel éclat brillaient dans la bataille
Ces habits bleus par la victoire usés !
La liberté mêlait à la mitraille
Des fers rompus et des sceptres brisés.
Les nations, reines par nos conquêtes,
Ceignaient de fleurs le front de nos soldats.
Heureux celui qui mourut dans ces fêtes !
Dieu, mes enfants, vous donne un beau trépas !

BÉRANGER [1].

EXERCICES.

Pourquoi le vieux soldat se sent-il ému en voyant au loin passer un bataillon? — De quoi demande-t-il qu'on venge la patrie? — Que signifie le dernier vers de chaque couplet?

---

12. Le dernier jour du siège de Strasbourg.

(Septembre 1870)

Le 27, les obus avaient sifflé toute la journée. Vers cinq heures du soir, un silence subit du côté de l'exté-

1. *Chansons*, GARNIER éditeur.

rieur, un bruit, un mouvement inusité dans les rues. On court; on s'interroge; on s'agite : on aperçoit le drapeau blanc sur la cathédrale! Il faut entendre ici un témoin oculaire, qui pourtant est partout favorable au général Uhrich *. « On croit avoir mal vu, dit-il; on regarde encore. Non, ce n'est pas une erreur. On dit que c'est un drapeau indiquant qu'il y a des malades, des blessés dans la cathédrale; que c'est pour éviter que les assiégeants visent encore cet édifice. Mais alors le pavillon blanc serait orné de la croix rouge, et cette croix ne s'y trouve point. Et l'on ne tire plus! Ce serait donc un armistice * !

« La foule s'assemble, le mouvement dans la rue est extraordinaire; il y a une fermentation violente dans tous les cœurs. On veut des nouvelles certaines. Quelqu'un hasarde une supposition : « Serait-ce la reddition de la ville? » On crie, on insulte le téméraire. Jamais! Résistance jusqu'à la dernière extrémité! Un capitaine d'artillerie traverse la place Gutenberg *; la foule l'entoure. « — On a rendu la place! crie-t-on de toute part. — Allons donc! répond le capitaine; rendre la place! Je compte bien mourir avant!... » On se presse devant l'hôtel du Commerce, où siège la municipalité; on demande le maire, les adjoints; on interroge les officiers du poste de la garde nationale. Personne ne sait la vérité. Voici le maire qui arrive; il paraît triste; il ne répond pas aux cent voix qui le questionnent. Il passe à travers la cohue et entre rapidement à l'hôtel du Commerce sans avoir pu parler. Une vive émotion le domine. L'agitation augmente; la foule s'accroît à chaque instant; on aperçoit des membres de la Commission municipale, des officiers supérieurs; on se précipite vers eux, et l'on apprend que le Conseil de la place, ayant reconnu à l'unanimité l'impossibilité d'une plus longue résistance, est en voie de capituler.

« Il y eut comme une révolution à la suite de cette nouvelle. Des groupes se forment, parcourent les rues en chantant la *Marseillaise;* on se précipite au quartier général, demandant des explications, menaçant de faire du désordre dans la nuit. Les francs-tireurs surtout sont exaspérés; l'un d'eux tire un coup de fusil en l'air. On craint quelque démonstration; les tambours de la garde nationale battent le rappel; les bataillons se forment et circulent pour maintenir la tranquillité.

L'effervescence pourtant se calme, et la nuit se passe sans incident; la première nuit depuis bien longtemps sans canonnade, sans incendie, sans désastre. Mais on ne dormit pas..... Avoir tant souffert, tant patienté pour en arriver là!... »

L'émotion des soldats fut plus grande encore, s'il est possible, et ne put se contenir quand il leur fallut, le lendemain, quitter la ville si vaillamment, si longtemps défendue, pour aller déposer leurs armes aux pieds du vainqueur! En traversant les rues, ils brisaient ces armes, les jetaient à l'eau, les lançaient contre les pavés. La foule les entourait, silencieuse et triste. On sentait s'en aller des amis, des frères, compagnons de gloire et de malheur. Des larmes coulaient de tous les yeux.

F.-F. Steenackers [1].

Exercices.

Qu'indique le drapeau blanc en temps de guerre? — Qu'indique la croix rouge sur le drapeau blanc? — Dépeignez la douleur des habitants de Strasbourg à la nouvelle de la capitulation. — Pourquoi cette consternation? — Quels étaient les sentiments des soldats?

1. *Histoire du gouvernement de la défense nationale en province*, Charpentier éditeur.

13. Une terre hospitalière.

LA BELGIQUE EN 1870.

La Chapelle * est le dernier village français placé sur la route de la Belgique *. Plus loin est Bouillon *; c'est à Bouillon que, le soir du 1er septembre, tant de nos malheureux soldats arrivèrent harassés, sordides, sanglants, et furent recueillis par les Belges. Que la Belgique reçoive à jamais la profonde reconnaissance de la France! Elle a payé sa dette [1] dans ces jours affreux. Elle a été la bienfaitrice des débris de cette armée en déroute. La ville de Bouillon, encombrée, trouva des lits, des vivres, de l'argent, pour nos malheureux soldats. Les bois étaient pleins de fuyards, de paysans ardennais emportant leurs meubles, leurs matelas, ce qu'ils pouvaient arracher à l'invasion. La Belgique les accueillit fraternellement. Non seulement à Bouillon, mais à Paliseul *, sur toute la frontière, les soldats français furent reçus avec les démonstrations de la sympathie la plus vraie. On leur apportait des cigares, du vin, des vivres, on criait, — et de quelle joie se sentaient remplis ces cœurs à demi brisés qui étaient des cœurs français, — on criait : « Vive la France! »

J. CLARETIE [2].

EXERCICES.

Que fit la Belgique pour nos soldats en 1870? — Pourquoi lui devons-nous de la reconnaissance?

1. C'est à la France que la Belgique doit d'avoir, en 1832, conquis son indépendance.
2. *Histoire de la Révolution de 1870-1871*.

14. Souvenez-vous!

LA CAPITULATION DE METZ.

Le vingt-neuf octobre, à midi, les différents corps de l'armée, après avoir déposé leurs armes dans les forts, s'acheminèrent en longues files par les routes assignées, et vinrent passer, comme des troupeaux, devant les régiments prussiens rangés en bataille. Tel est le défilé que le Maréchal avait préféré pour ses soldats. Mais, bien qu'il n'eût désigné que quelques officiers pour conduire les troupes, la plupart tinrent à honneur d'accompagner leurs hommes jusqu'au dernier moment.

Ce fut un spectacle qui ne s'effacera jamais de la mémoire de ceux qui y ont assisté. Le temps était froid et sombre; la pluie tombait sans interruption. Sur tous les visages étaient peints la honte et le désespoir; la plupart pleuraient; quand vint l'instant de la séparation, beaucoup de soldats se jetèrent dans les bras de leurs officiers. Les uns et les autres confondaient dans cet embrassement leurs regrets, leurs douleurs, mais aussi leurs espérances!

Ainsi une armée de 150,000 hommes, la seule organisée qui restât à la France, prisonnière de guerre; la ville de Metz intacte, vierge de toute attaque, livrée à l'ennemi avec un immense matériel; la Lorraine, avec sa capitale, abandonnée aux Allemands; une lutte devenue désormais par trop inégale, et dans laquelle le courage devait rester impuissant devant la discipline et la grande supériorité numérique de l'ennemi, la France enfin réduite aux dernières extrémités et contrainte de subir la paix la plus douloureuse, tel fut le résultat de la conduite du commandant [1] de

1. Voir page 101.

l'armée du Rhin devant Metz. C'est ainsi que ses coupables intrigues aboutirent à une capitulation sans exemple, à la situation la plus douloureuse qui pût être infligée à notre patrie.

Général POURCET *.

EXERCICES.

Pourquoi les officiers tinrent-ils à honneur d'accompagner leurs hommes? — Racontez la capitulation de Metz. — Pourquoi ce morceau est-il intitulé : *Souvenez-vous?*

---

15. La ferme pillée.

1870

Figurez-vous que, lorsque les uhlans * sont arrivés devant la ferme, j'avais d'abord essayé de me défendre; mais ils ne m'ont pas même donné le temps de décharger mon second fusil. Pas plus tôt le coup parti, le portail était forcé et j'avais trente de ces bandits sur le dos..... Je suis sorti de chez moi, la tête basse, comme un mendiant. Seulement je ne suis pas allé bien loin, vous pensez. Caché, vivant de raves crues et de prunelles, j'ai assisté au pillage de mon bien! Les greniers vidés, la poulie grinçant tout le jour pour descendre les sacs, le bois brûlé en pleine cour, de grands feux autour desquels on buvait mon vin, et mes meubles, mes troupeaux s'en allant pièce par pièce par les routes. Enfin, quand il n'est plus rien resté, chassant devant eux à coups de fouet ma dernière vache, ils sont partis en mettant le feu à la maison. Ce soir-là, lorsque j'ai eu fait le tour de ma ruine, lorsque j'ai calculé, en pensant aux enfants, que de toute ma vie je ne pourrais plus réunir un bien pareil en me tuant de travail, je suis devenu fou de rage. Le premier Prussien que j'ai rencontré sur ma route, j'ai sauté dessus comme une bête sauvage et je lui ai coupé le cou. A partir de ce moment, je n'ai plus eu que cette idée : faire la chasse aux Prussiens *.

ALPHONSE DAUDET [1].

EXERCICE.

Si vous voyiez piller ou brûler par les ennemis de la France la maison de vos parents, quels seraient vos sentime

---

16. Le petit mendiant.

C'était un pauvre petit être
Que nul, en ce monde, n'aimait,
Et lui-même, hélas ! ignorait
En quel lieu Dieu l'avait fait naître.
Il mendiait partout son pain,
Et les enfants, dans les villages,
Le poursuivaient de leurs outrages
En le voyant tendre la main.
Mais le petit leur faisait face :
« Quel est donc celui qui me chasse?
« Leur disait-il d'un ton hardi.
« La grande route est à qui passe,
« Et sur ce sol, moi, j'ai ma place,
« Car je suis Français, Dieu merci ! »

Un jour non loin de la frontière,
Drapeaux au vent, tambour battant,
Il vit passer un régiment,
Il entendit parler de guerre,
On acclamait les bataillons,
Tous les yeux brillaient d'espérance,
Et l'on criait : « Vive la France ! »

1. *Robert Helmont*, DENTU éditeur.

Il cria, lui, sous ses haillons.
« Pauvre petit, dans ta misère,
« Que te fait la paix ou la guerre? »

Lui dit un sceptique * endurci.
L'enfant leva son œil sévère :
« Je n'ai jamais connu ma mère;
« Mais je suis Français, Dieu merci ! »

Aux jours de deuil, sur la ruine
D'un incendie encore fumant,
L'ennemi saisit un enfant
Qui tenait une carabine :
« Que vient faire ici ce gamin?
« Tu veux donc que l'on te fusille?
« Ton nom? — Je ne sais. — Ta famille?
« — Je mendie et suis orphelin.
« — Un vagabond! Sous quelque pierre
« Écrasez-moi cette vipère.
« Est-ce un Français, est-ce un bandit?
« — Quand vous passâtes la frontière,

« Cria l'enfant, à ma colère,
« J'étais Français : je l'ai senti. »

Le lendemain, dans les décombres,
Cherchant les débris de leurs toits,
Quelques paysans aux abois
Se promenaient comme des ombres.
Auprès d'un vieux mur chancelant,
Couché dans sa gloire enfantine,
Un coup de feu dans la poitrine,
Ils virent le petit enfant...
Déjà le trépas de son aile
Enveloppait sa tête frêle.
« Qui donc es-tu, pauvre petit,
« Toi, tombé d'une mort si fière ? »
L'enfant souleva sa paupière :
« Je suis Français, je vous l'ai dit. »

LECLÈRE *.

EXERCICES.

Que penser des enfants qui outragent un mendiant? — Que signifient ici ces mots : *Je suis Français?* — Pourquoi est-ce la seule réponse que fait l'enfant à toutes les questions?

---

17. Le curé de Plouïzy.

Lorsque parut, en 1870, le décret du gouvernement qui appelait les mobilisés, M. l'abbé Richard, curé de Plouïzy (arrondissement de Guingamp *) le lut au prône, dans son église, et, après l'avoir commenté avec une patriotique éloquence, il s'écria :

« Vous avez entendu, hommes de Plouïzy ; la patrie vous appelle ; il faut partir tout de suite, sans attendre un jour. Si, dimanche prochain, il y avait dans cette église un seul homme autre que les infirmes et les vieillards, je vous le jure du haut de cette chaire de vérité, je lui ferais honte, je l'attacherais au pilori * ; mais je n'ai pas à craindre cette humiliation ; je vous connais [1]. »

F. Steenackers.

Exercice.

Quand la patrie est envahie, vaincue, saccagée par l'ennemi, quel est le devoir de tout homme de cœur ?

---

18. Le pigeon voyageur.

SOUVENIR DU SIÈGE DE PARIS.

Ce matin, en allant relever les collets au fond du jardin, j'ai trouvé un pigeon. Cela m'a étonné. Les pigeons familiers ne restent pas sur les toits déserts, et jusqu'à présent je n'avais pris que des tourterelles des bois. Celui-ci était bien un pigeon domestique, assez gros, les pattes et le bec roses, les ailes mêlées de roux et blanc. Le collet ne l'avait pas blessé ; il était surtout engourdi par le froid. Je l'ai porté chez moi, devant le

1. A la même époque, l'évêque d'Angers écrivait à ses séminaristes, qu'il les verrait avec plaisir s'engager dans la garde mobile, ou dans la garde mobilisée, ou dans la légion de M. Cathelineau et de Charette, et il ajoutait : « Nous sommes arrivés à « un de ces moments solennels dans la vie d'un peuple, où le « salut de la patrie exige un effort suprême de la part de tous « ses enfants. Jusqu'ici, grâce à Dieu, le clergé s'est montré à la « hauteur des circonstances difficiles que nous traversons : il est « à son poste sur les champs de bataille et dans les ambulances, « recueillant les blessés sous le feu de l'ennemi, et leur prodi- « guant, avec les secours de son ministère, toutes les ressources « de la charité chrétienne. Mais le devoir a grandi avec le péril : « les dévouements ordinaires ne suffisent plus à la situation qui « nous est faite par des capitulations désastreuses et par les « prétentions exorbitantes d'un ennemi qui semble vouloir se « mettre au ban de la civilisation. Il faut que la nation se lève « tout entière pour repousser loin d'elle la honte et le déshon- « neur : or, c'est au clergé à donner l'exemple, autant qu'il est « en lui. »

feu, et là, en le tenant des deux mains sans qu'il fît le moindre effort pour s'échapper comme une bête privée, j'ai distingué, sur une de ses ailes, un chiffre imprimé : 523, et plus bas : *Société de l'Espérance*. Puis, sous les plumes, j'ai trouvé un tuyau un peu plus fort que les autres, où tremblait une petite feuille de papier-pelure, roulée très fin. J'avais pris un pigeon messager. Venait-il de Paris ou de la province ? Portait-il la victoire ou la défaite, une bonne ou une mauvaise nouvelle ?... Je l'ai regardé longtemps avec une tendresse religieuse. Libre dans la salle, il tournait tranquillement en becquetant contre les carreaux. Peu à peu ses plumes se sont gonflées à la chaleur, les forces lui sont revenues. Alors j'ai ouvert la fenêtre toute grande, et l'ai posé sur le rebord. Il y est resté un moment, scrutant le ciel, allongeant le cou, cherchant à retrouver sa direction. Enfin, il est monté droit en l'air, puis à une certaine hauteur, tout blanc dans le jour sombre, il a tourné brusquement vers Paris. Ah ! si je pouvais prendre le même chemin que lui...

ALPHONSE DAUDET [1].

EXERCICES.

Que savez-vous sur les pigeons voyageurs ? — Dites ce qu'on doit faire lorsqu'on prend un pigeon voyageur.

---

19. Les habitants de Boston * et la France en 1870.

A la nouvelle de nos désastres [2], les habitants de la ville de Boston furent vivement émus. En un moment les comités se formèrent, les souscriptions s'ouvrirent, les souscripteurs accoururent ; tout ce que sait ima-

1. *Robert Helmont*, DENTU éditeur.
2. Lors de la guerre de 1870.

giner la charité ingénieuse fut mis en œuvre. La ville de Boston, avec ses environs, réalisa la somme énorme de 800 000 francs. On fréta aussitôt un bâtiment, le *Worcester*, on le chargea de provisions de toutes sortes, et il fit voile pour le Havre *. Mais on apprit la fin de la guerre, et, en même temps, le soulèvement de la capitale et le siège qu'en faisait le gouvernement français. On renonça donc à la distribution des objets, qui n'était plus nécessaire, mais on ne renonça pas à la pensée qui avait fait naître la souscription. Le navire fut conduit en Angleterre * ; son chargement y fut vendu, et la somme répandue dans les parties de la France qui avaient le plus souffert. Voilà ce qu'une seule ville des États-Unis *, avec ses environs, la ville de Boston, a fait pour la France, qui ne l'oubliera jamais.

Duc DE NOAILLES[1].

EXERCICES.

Comment appelle-t-on le sentiment qui poussa les habitants de Boston à agir comme ils l'ont fait? — Connaissez-vous un autre pays, qui, à la même époque, se soit montré bon pour la France?

---

20. Déclaration des députés alsaciens à l'Assemblée de Bordeaux *.

(1er mars 1871.)

Le 1er mars 1871, après une poignante séance, dont le souvenir est resté vivace au cœur de tous les patriotes, l'Assemblée nationale réunie à Bordeaux, pour discuter des conditions de la paix, vota, par 546 voix contre 107, ce douloureux traité qui démembrait la France et séparait d'elle, jusqu'à des jours meilleurs, qu'il est toujours permis d'espérer, l'Alsace * et une partie de la Lorraine *. A la fin de cette émouvante séance, M. Grosjean, député de l'Alsace, monta à la tribune et, au milieu d'un profond silence, lut cette déclaration :

« Messieurs, je suis chargé par tous mes collègues des départements de la Moselle *, du Bas-Rhin * et du

1. *Rapport sur les prix de vertu*, 1872.

Haut-Rhin *, présents à Bordeaux, de déposer sur le bureau, après en avoir donné lecture, la déclaration suivante :

« Les représentants de l'Alsace et de la Lorraine ont déposé, avant toute négociation de paix, sur le bureau de l'Assemblée nationale, une déclaration affirmant de la manière la plus formelle, au nom de ces provinces, leur volonté et leur droit de rester françaises.

« Livrés, au mépris de toute justice et par un odieux abus de la force, à la domination de l'étranger, nous avons un dernier devoir à remplir.

« Nous déclarons encore une fois nul et non avenu un pacte qui dispose de nous sans notre consentement. La revendication de nos droits reste à jamais ouverte à tous et à chacun dans la forme et dans la mesure que notre conscience nous dictera.

« Au moment de quitter cette enceinte, où notre dignité ne nous permet plus de siéger, et malgré l'amertume de notre douleur, la pensée suprême que nous trouvons au fond de nos cœurs est une pensée de reconnaissance pour ceux qui, pendant six mois, n'ont pas cessé de nous défendre, et d'inaltérable attachement à la patrie dont nous sommes violemment arrachés.

« Nous vous suivrons de nos vœux et nous attendrons, avec une confiance entière dans l'avenir, que la France régénérée reprenne le cours de sa grande destinée.

« Vos frères d'Alsace et de Lorraine, séparés en ce moment de la famille commune, conserveront à la France, absente de leurs foyers, une affection filiale, jusqu'au jour où elle viendra y reprendre sa place. »

Cette lettre lue, les députés de l'Alsace et de la Lorraine se levèrent et quittèrent l'Assemblée.

Exercices.

Pourquoi l'Alsace et la Lorraine voulaient-elles rester françaises? — Quels sentiments devons-nous avoir pour les Alsaciens-Lorrains?

---

21. Le retour des prisonniers de guerre.

(Mai 1871.)

Nous arrivons à Rouen * à trois heures. La gare est pleine de prisonniers français revenant d'Allemagne. Le petit poste prussien a pris les armes, et nos malheureux soldats, en loques, en haillons, couverts de capotes déchirées, drapés dans des couvertures trouées, défilent devant les casques prussiens. Nos vainqueurs excellent dans l'art de nous infliger ces petites humiliations. Le passage étant très étroit entre la ligne prussienne et le rebord du quai, les prisonniers devaient passer un à un; les Prussiens laissaient éclater leur joie à la vue de ces pauvres gens. Ils riaient lourdement, échangeaient entre eux des quolibets allemands. Il y avait peut-être, parmi ces Prussiens, des hellénistes *, des savants et des professeurs.., car il est entendu que l'Allemagne est le premier peuple du monde, le plus instruit, le plus érudit..., mais j'atteste qu'il n'y avait pas parmi ces vingt soldats un seul homme dont le cœur fût ouvert à ce sentiment sacré : le respect du vaincu.

Les prisonniers passaient, indifférents ou sombres; mais la gaieté des Prussiens ne connut plus de bornes et ce fut un rire fou dans tout le peloton, quand parut un grand Arabe débraillé, couvert de guenilles, et superbe dans son délabrement. Des yeux éclatants et doux; une petite barbe noire, fine et légère; des dents étincelantes de blancheur, au milieu de ce visage de bronze; un vieux fez * rouge sur la tête; sur les épaules un burnous blanc, plus troué, plus rapiécé et plus déchiré que le manteau de don César de Bazan *;

Il laissa tomber sur ces Prussiens un regard fier et tranquille.

de grandes bottes jaunes qui tombaient en ruines, et de longs éperons à la turque qui sonnaient sur l'asphalte. C'étaient les débris d'un costume de spahis. Dès que les Prussiens aperçurent cet homme, ils ne virent et ne regardèrent plus que lui. Ils furent pris d'une sorte de gaieté épileptique. Le spahis alors s'arrêta, laissa tomber sur ces Prussiens un regard ferme, fier et tranquille, les examina tous l'un après l'autre, ramassa son manteau qui traînait un peu par terre et continua sa route en souriant. Le silence aussitôt se fit dans les rangs prussiens. Le sourire de cet Arabe était un sourire d'étonnement, de curiosité et de dédain. Il regardait ces Allemands courts, lourds et balourds, et il se disait : « Quoi ! voilà nos ennemis ! voilà les soldats qui nous ont battus ! Comme ils sont vilains ! Pourquoi rient-ils? De tels hommes, si petits et si laids, ne peuvent se moquer de moi, qui suis grand et beau. » Il s'éloigna. Un Prussien, un seul, essaya de remettre ses camarades en gaieté par un nouvel éclat de rire. L'Arabe se retourna, regarda le Prussien, et le Prussien redevint sérieux.

L. HALÉVY [1].

EXERCICES.

Que pensez-vous de la conduite des soldats prussiens en cette occasion? — Comment devons-nous traiter les prisonniers et les vaincus?

---

22. Le canon.

Le silence imposant et la nuit solennelle
Planent sur le rempart, où, debout dans le vent,
Le mousqueton au bras, veille une sentinelle
Auprès d'un gros canon tourné vers le levant.....

L'artilleur est un fils d'Alsace *, et sa patrie
Est, au nom des traités, territoire allemand;
Il est simple servant dans une batterie.
N'ayant plus de foyer, il reste au régiment.....

Il songe à son pays, dans ce coin solitaire.
Hélas ! les jeunes gens émigrent de là-bas;
Ses parents sont trop vieux pour labourer la terre,
Et leurs filles, ses sœurs, ne se marieront pas.

1. *L'invasion*, CALMANN LÉVY éditeur.

La revanche promise, il n'y compte plus guère ;
Combien de temps avant que nous nous rebattions !
Et déjà les Prussiens, prêts pour une autre guerre,
Ceignent Metz * et Strasbourg * de nouveaux bastions...

Tout à coup, le soldat tressaille et devient pâle,
Car il vient de s'entendre appeler par son nom ;
Et cette voix profonde et grave comme un râle,
Cette voix qui lui parle, elle sort du canon :

Enfant, ne pleure pas. Espère et patiente !
Ce vent qui vient souffler dans ma bouche béante
M'arrive du côté du Rhin * ;
Il me dit que là-bas l'on attend et l'on souffre,
Et c'est comme un écho d'Alsace qui s'engouffre
Et qui murmure en mon airain.

J'entends les moindres bruits que cet écho m'apporte ;
Le vieux maître d'école a beau fermer sa porte
Et faire très basse sa voix,
Devant les écoliers, palpitant d'espérance,
Il déroule, en parlant du cher pays de France,
La vieille carte d'autrefois.

J'entends une chanson qui n'est pas allemande,
Chez ce cabaretier, qu'on mettrait à l'amende
Si quelque patrouille passait ;
Et voilà des volets qu'on ferait bien de clore,
Si l'on veut conserver ce haillon tricolore
Que tout à l'heure on embrassait.

J'entends un cri d'horreur s'échapper de la bouche
Du paysan lorrain, qui s'arrête, farouche,
En découvrant dans son sillon
Une tête de mort à l'effroyable rire,
Et ramasse un bouton tout rouillé, pour y lire
Le numéro d'un bataillon.

La prière de l'humble enfant qui s'agenouille,
Le soupir de la vierge auprès de sa quenouille,
Et les sanglots intermittents
Des vieux parents en deuil et de la pauvre veuve,
Toutes ces faibles voix gémissant dans l'épreuve,
Je les entends! je les entends!

Et toi, tu douterais, quand nul ne désespère
Dans le pays natal, où sont encore ton père,
Ta mère et tes deux jeunes sœurs?
Cette nation-ci, souviens-toi donc, est celle
De Bertrand Duguesclin *, de Jeanne la Pucelle *,
Et chasse ses envahisseurs.

Jadis la guerre sainte a duré cent années;
Des générations furent exterminées;
Paris sous l'étranger trembla;
Anglais et Jacquerie * à la fois, double tâche;
Charles VI * était fou; Charles V * était lâche;
Vois. Les Anglais ne sont plus là.

Ces Allemands fuiront aussi. Quand? je l'ignore.
Mais, un jour, du côté que je menace encore,
Vers ceux-là que nous haïssons,
Je vous verrai partir, pour ravoir vos villages,
Alsaciens, Lorrains, au trot des attelages
Et secoués par les caissons.

Vous traînerez alors ces caissons de campagne,
Qui franchissent le pont et grimpent la montagne,
Dorés au soleil radieux;
Et moi, le témoin noir et triste des défaites,
Je ne pourrai vous suivre à ces lointaines fêtes;
Je suis trop lourd, je suis trop vieux.

Mais je pourrai du moins, vieux dogue aux Invalides,
Annoncer à Paris vos marches intrépides,
Avec mon aboi triomphant.
De créer des héros la France n'est pas lasse;
Et le simple soldat, qui dort sur ma culasse,
Est peut-être Turenne * enfant!

François COPPÉE [1] *.

EXERCICES.

A quoi songe l'artilleur alsacien pendant sa faction? — Pourquoi le maître d'école parle-t-il à voix basse et prend-il la carte d'autrefois? — Qu'espèrent les Alsaciens-Lorrains, et que doivent désirer avec eux tous les bons Français?

1. *Le Cahier rouge*, LEMERRE éditeur.

LA DERNIÈRE CLASSE.

RÉCIT D'UN PETIT ALSACIEN.

Ce matin-là, j'étais très en retard pour aller à l'école; j'avais grand'peur d'être grondé, d'autant que M. Hamel nous avait dit qu'il nous interrogerait sur les participes, et je n'en savais pas le premier mot. Un moment l'idée me vint de manquer la classe et de prendre ma course à travers champs.

Le temps était si chaud, si clair! On entendait les merles siffler à la lisière du bois, et dans le pré Rippert, derrière la scierie, les Prussiens * qui faisaient l'exercice. Tout cela me tentait bien plus que la règle des participes; mais j'eus la force de résister, et je courus bien vite vers l'école.

En passant devant la mairie, je vis qu'il y avait du monde arrêté près du petit grillage aux affiches. Depuis deux ans c'est là que nous sont venues toutes les mauvaises nouvelles, les batailles perdues, les réquisitions, les ordres de la commandature; et je pensai sans m'arrêter : « Qu'est-ce qu'il y a encore? » Alors, comme je traversais la place en courant, le forgeron Wachter, qui était là avec son apprenti en train de lire l'affiche, me cria : — « Ne te dépêche pas tant, petit; tu y arriveras toujours assez tôt, à ton école! » Je crus qu'il se moquait de moi, et j'entrai tout essoufflé dans la petite cour de M. Hamel.

D'ordinaire, au commencement de la classe, il se faisait un grand tapage qu'on entendait jusque dans la rue, les pupitres ouverts, fermés, les leçons qu'on répétait très haut tous ensemble en se bouchant les oreilles pour mieux apprendre, et la grosse règle du maître qui tapait sur les tables : « Un peu de silence! » Je comptais sur tout ce train pour gagner mon banc sans être vu ; mais justement, ce jour-là, tout était tranquille comme un matin de dimanche. Par la fenêtre ouverte, je voyais mes camarades déjà rangés à leur place, et M. Hamel qui passait et repassait avec la terrible règle en fer sous le bras. Il fallut ouvrir la porte et entrer au milieu de ce grand calme. Vous pensez si j'étais rouge et si j'avais peur!

Eh bien! non. M. Hamel me regarda sans colère et me dit très doucement : « Va vite à ta place! mon petit Frantz; nous allions commencer sans toi. » J'enjambai le banc et je m'assis tout de suite à mon pupitre. Alors seulement, un peu remis de ma frayeur, je remarquai que notre maître avait sa belle redingote verte, son jabot plissé fin et la calotte de soie noire brodée qu'il ne mettait que les jours d'inspection ou de distribution de prix. Du reste, toute la classe avait quelque chose d'extraordinaire et de solennel. Mais ce qui me surprit le plus, ce fut de voir au fond de la salle, sur les bancs qui restaient vides d'habitude, les gens du village assis et silencieux comme nous, le vieux Hauser avec son tricorne, l'ancien maire, l'ancien facteur, et puis d'autres personnes encore. Tout ce monde-là paraissait triste, et Hauser avait apporté un vieil abécédaire mangé aux bords, qu'il tenait grand ouvert sur ses genoux, avec ses grosses lunettes posées en travers des pages.

Pendant que je m'étonnais de tout cela, M. Hamel

était monté dans sa chaire, et, de la même voix douce et grave dont il m'avait reçu, il nous dit : « Mes enfants, c'est la dernière fois que je vous fais la classe. L'ordre est venu de Berlin * de ne plus enseigner que l'allemand dans les écoles de l'Alsace * et de la Lorraine *..... Le nouveau maître arrive demain. Aujourd'hui c'est votre dernière leçon de français. Je vous prie d'être bien attentifs. »

Ces quelques paroles me bouleversèrent. Ah! les misérables, voilà ce qu'ils avaient affiché à la mairie!

Ma dernière leçon de français!

Et moi qui savais à peine écrire! Je n'apprendrais donc jamais! Il faudrait donc en rester là! Comme je m'en voulais, maintenant, du temps perdu, des classes manquées à courir les nids ou à faire des glissades sur la Saar *! Mes livres, que tout à l'heure encore je trouvais si ennuyeux, si lourds à porter, ma grammaire, mon histoire sainte, me semblaient à présent de vieux amis qui me feraient beaucoup de peine à quitter. C'est comme M. Hamel. L'idée qu'il allait partir, que je ne le verrais plus, me faisait oublier les punitions, les coups de règle.

Pauvre homme! C'est en l'honneur de cette dernière classe qu'il avait mis ses beaux habits du dimanche, et maintenant je comprenais pourquoi les vieux du village étaient venus s'asseoir au bout de la salle. Cela semblait dire qu'ils regrettaient de ne pas y être venus plus souvent, à cette école. C'était aussi comme une façon de remercier notre maître de ses quarante ans de bons services, et de rendre leurs devoirs à la patrie qui s'en allait.

J'en étais là de mes réflexions, quand j'entendis appeler mon nom. C'était mon tour de réciter. Que n'aurais-je pas donné pour pouvoir dire tout au long cette fameuse règle des participes, bien haut, bien clair, sans une faute! Mais je m'embrouillai aux premiers mots, et je restai debout à me balancer dans mon banc, le cœur gros, sans oser lever la tête.

J'entendais M. Hamel qui me parlait : « Je ne te gronderai pas, mon petit Frantz, tu dois être assez puni. Voilà ce que c'est. Tous les jours on se dit : *Bah! j'ai bien le temps. J'apprendrai demain.* Et puis tu vois ce qui arrive..... Ah! ç'a été le grand malheur de notre Alsace de toujours remettre son instruction à demain. Maintenant ces gens-là sont en droit de nous dire : Comment? vous prétendez être Français, et vous ne savez ni parler ni écrire votre langue?... Dans tout ça, mon pauvre Frantz, ce n'est pas encore toi le plus coupable. Nous avons tous notre bonne part de reproches à nous faire. Vos parents n'ont pas assez tenu à vous voir instruits. Ils aimaient mieux vous envoyer travailler à la terre ou aux filatures, pour avoir quelques sous de plus. Moi-même, n'ai-je rien à me reprocher? Est-ce que je ne vous ai pas fait arroser souvent mon jardin au lieu de travailler? Et quand je voulais aller pêcher des truites, est-ce que je me gênais pour vous donner congé?..... »

Alors, d'une chose à l'autre, M. Hamel se mit à nous parler de la langue française, disant que c'était la plus belle langue du monde, la plus claire, la plus solide, qu'il fallait la garder entre nous et ne jamais l'oublier, parce que, quand un peuple tombe esclave, tant qu'il tient bien sa langue, c'est comme s'il tenait la clef de sa prison. Puis il prit une grammaire et nous lut notre leçon. J'étais étonné de voir comme je comprenais. Tout ce qu'il disait me semblait facile, facile. Je crois aussi que je n'avais jamais si bien écouté, et que lui non plus n'avait jamais mis autant de patience à ses explications. On aurait dit qu'avant de s'en aller le pauvre homme voulait nous donner tout son savoir, nous le faire entrer dans la tête d'un seul coup.

La leçon finie, on passa à l'écriture. Pour ce jour-là, M. Hamel nous avait préparé des exemples tout neufs, sur lesquels était écrit en belle ronde : *France, Alsace, France, Alsace.* Cela faisait comme des petits drapeaux qui flottaient tout autour de la classe, pendus à la tringle de nos pupitres. Il fallait voir comme chacun s'appliquait, et quel silence! On n'entendait que le grincement des plumes sur le papier. Un moment, des hannetons entrèrent; mais personne n'y fit attention, pas même les tout petits, qui s'appliquaient à tracer leurs *bâtons* avec un cœur, une conscience, comme si cela encore était du français.... Sur la toiture de l'école des pigeons roucoulaient tout bas, et je me disais en les écoutant : « Est-ce qu'on ne va pas les obliger à chanter en allemand, eux aussi? » De temps en temps, quand je levais les yeux de dessus ma page, je voyais M. Hamel immobile dans sa chaise et fixant les objets autour de lui, comme s'il avait voulu emporter dans son regard toute sa petite maison d'école... Pensez! depuis quarante ans il était là, à la même place, avec sa cour en face de lui et sa classe toute pareille. Seulement les bancs, les pupitres s'étaient polis, frottés par l'usage; les noyers de la cour avaient grandi, et le houblon qu'il avait planté lui-même enguirlandait maintenant les fenêtres jusqu'au toit. Quel crève-cœur ça devait être pour ce pauvre homme de quitter toutes ces choses, et d'entendre sa sœur qui allait, venait, dans la chambre au-dessus, en train de fermer leurs malles! car ils devaient partir le lendemain, s'en aller du pays pour toujours.

Tout de même il eut le courage de nous faire la classe

jusqu'au bout. Après l'écriture, nous eûmes la leçon d'histoire; ensuite les petits chantèrent BA BE BI BO BU. Là-bas au fond de la salle, le vieux Hauser avait mis ses lunettes, et, tenant son abécédaire à deux mains, il épelait les lettres avec eux. On voyait qu'il s'appliquait, lui aussi; sa voix tremblait d'émotion, et c'était si drôle de l'entendre, que nous avions tous envie de rire et de pleurer. Ah! je m'en souviendrai, de cette dernière classe!...

Tout à coup l'horloge de l'église sonna midi, puis l'Angélus. Au même moment, les trompettes des Prussiens qui revenaient de l'exercice éclatèrent sous nos fenêtres... M. Hamel se leva, tout pâle, dans sa chaise. Jamais il ne m'avait paru si grand. « Mes amis, dit-il, mes amis, je.... je.... » Mais quelque chose l'étouffait. Il ne pouvait pas achever sa phrase. Alors il se tourna vers le tableau, prit un morceau de craie, et, en appuyant de toutes ses forces, il écrivit aussi gros qu'il put :

« Vive la France! »

Puis il resta la tête appuyée au mur, et, sans parler, avec sa main il nous faisait signe : « C'est fini..., allez-vous-en. »

ALPHONSE DAUDET.

FIN

LEXIQUE

DES NOMS PROPRES ET DES MOTS LES PLUS DIFFICILES

Abbeville. Chef-lieu d'arrondissement du département de la Somme; patrie de l'amiral Courbet, mort pour la France en 1885.

Allemagne. Vaste contrée au nord-est de la France.

Alsace. Ancienne province de France, annexée à l'Allemagne à la suite de la guerre de 1870-1871. Elle avait formé les deux départements du *Haut-Rhin* et du *Bas-Rhin*.

Angleterre. Partie méridionale de la Grande-Bretagne; capitale : *Londres*. Le nom est souvent étendu à l'île entière.

Armistice. Suspension d'armes, trêve.

Arquebuse. Ancienne arme à feu. On nommait *arquebuse à croc* celle qui se tirait appuyée sur une fourche.

Arrêt. Jugement rendu par un tribunal ou par un magistrat.

Asie. Une des cinq parties du monde, à l'est de l'Europe.

Astyage. Roi des Mèdes et grand-père de Cyrus.

Athènes. Capitale de la Grèce. — *Athéniens*, habitants d'Athènes.

d'Aubigné (1550-1630), célèbre huguenot, fut le compagnon d'armes d'Henri IV. Il a écrit des *Mémoires* et un poème intitulé : *Tragiques*.

Austerlitz. Village autrichien, où les Russes et les Autrichiens furent vaincus par Napoléon Ier, le 2 décembre 1805.

Autriche. Empire de l'Europe centrale; capitale : *Vienne*.

Auvergne. Ancienne province de la France centrale; capitale : *Clermont-Ferrand*.

Babioles. Jouets, et, au figuré, bagatelles.

Babylone. Ancienne ville d'Asie, sur l'Euphrate.

Bas-Rhin. Ancien département français; chef-lieu : *Strasbourg*.

Bavarois. Habitants de la Bavière, royaume d'Allemagne; cap. : *Munich*.

Bayard (1476-1524), illustre capitaine français, prit une part active aux guerres de Charles VIII, de Louis XII et de François Ier, et fut surnommé le *Chevalier sans peur et sans reproche*.

Bazaine. Ancien maréchal de France, commandant l'armée de Metz en 1870; il fut condamné à mort par le conseil de guerre, pour crime de trahison.

Belgique. Contrée d'Europe, au nord de la France; capitale : *Bruxelles*.

Béranger (1780-1857). Illustre chansonnier français.

Berlin. Cap. de la Prusse, sur la Sprée.

Bernardin de Saint-Pierre (1737-1814). Écrivain français, auteur de *Paul et Virginie*.

Berry. Ancienne province de la France centrale; capitale : *Bourges*.

Bersot (1816-1879). Philosophe et écrivain français.

Blocus. Etat d'une place de guerre cernée de tous côtés par l'ennemi.

Bonifier. Rendre meilleur; faire fructifier.

Bordeaux. Chef-lieu du département de la Gironde. C'est là que se réunit, en 1871, l'Assemblée nationale, chargée de décider s'il y avait lieu de continuer la guerre, ou de traiter avec la Prusse.

Bort. Chef-lieu de canton du département de la Corrèze.

Boston. Ville importante des États-Unis d'Amérique.

Bouchardon (1698-1762). Sculpteur français.

Boucher. Professeur au lycée d'Orléans.

Bouillon. Village du Luxembourg belge, sur le Semoy, affluent de la Meuse.

Bourbon (*le connétable de*), après

avoir servi la France avec honneur, se déshonora en portant les armes contre elle (1489-1527).

Boursier. Celui qui jouit, dans un collège, d'une éducation gratuite.

Bretagne. Ancienne province de l'ouest de la France; capitale : *Rennes*.

Brétigny. Village d'Eure-et-Loir, où fut signé, le 13 mai 1360, entre la France et l'Angleterre, le traité à la suite duquel le roi Jean fut rendu à la liberté.

A. de Broglie (1785-1870). Homme d'État et publiciste français.

Brunswick. Duché d'Allemagne.

Calais. Port français, sur la Manche.

Cambronne (1770-1842). Général français, qui commandait la garde impériale à Waterloo.

Cambyse. Nom de deux Perses fameux, l'un père de Cyrus, l'autre fils de ce prince et son successeur.

Capital. Somme d'argent produisant un revenu.

Caramba. Juron espagnol.

Castrie (*marquis de*). Maréchal de France, né en 1727, mort en 1801; un des chefs de l'armée des émigrés.

César, célèbre général et historien romain.

Don César de Bazan. Personnage d'un des drames de Victor Hugo.

Chaise. Espèce de siège fermé et couvert, dans lequel, au XVIIe siècle, on se faisait porter, ou quelquefois traîner, lorsqu'on sortait en ville.

Chancelier. Chef suprême de la justice, chargé de la garde des sceaux de l'État, sous l'ancien régime. Cette fonction appartient aujourd'hui au ministre de la justice.

Charles V et **Charles VI**, rois de France.

Charles VII. Roi de France, mort en 1461.

Chartres. Chef-lieu du département d'Eure-et-Loir.

Chateaubriand (1768-1848). Écrivain et homme politique français. Ses ouvrages les plus célèbres sont *les Martyrs* et le *Génie du Christianisme*.

Chaumine. Petite chaumière.

Chevalier. Ancien titre de noblesse.

Chloroforme. Substance qui, dans les opérations douloureuses, a la propriété d'endormir et de suspendre la sensibilité.

Chimère, idée fausse.

J. Claretie. Écrivain contemporain.

Clostercamp. Village allemand, au nord de Dusseldorf.

Coignet. Ancien soldat des armées de la République et de l'Empire. Il avait écrit des *Mémoires* qui ont été publiés récemment.

Colmar. Chef-lieu de l'ancien département du Haut-Rhin.

Conception. Faculté de comprendre; par suite, ce qu'on a compris, les idées.

Connétable. Nom donné anciennement au premier officier de la couronne. Le connétable avait le commandement en chef des armées.

Contrebande. Fraude consistant à introduire en secret dans un pays les marchandises soumises à un droit d'entrée. — *Contrebandier*. Celui qui fait la contrebande.

Coppée (*François*). Poète et auteur dramatique contemporain.

Cormenin (1788-1868). Écrivain français, auteur de publications populaires et d'écrits politiques.

Cornettes. Nom donné jadis aux étendards de la cavalerie.

Cucheval-Clarigny. Écrivain contemporain.

Cyrus. Premier roi des Perses.

Daguesseau (1668-1751). Magistrat et orateur français.

Damiron (1794-1862). Philosophe français.

de Dampierre. Général français, tué en 1793, sous les murs de Valenciennes.

Darboy (Mgr). Prédicateur distingué et archevêque de Paris, né en 1813, mort assassiné en 1871.

Daudet (*Alphonse*). Poète, romancier et auteur dramatique contemporain.

Démosthène. Le plus grand des orateurs d'Athènes. Il vivait au IVe siècle avant J.-C.

Denier. Ancienne monnaie de cuivre.

Déroulède (*Paul*). Poète contemporain, auteur des *Chants du soldat*.

Diderot (1713-1784). Célèbre philosophe français. Il était fils d'un coutelier de Langres.

Dogmatique. Qui a rapport au dogme, à la croyance religieuse.

Dorsenne. Général français (1773-1812).

Douvres. Ville d'Angleterre, sur le détroit du Pas de Calais.

Dovalle (1807-1829). Poète français.

Drouot (1774-1847). Général français, qui s'illustra dans toutes les campagnes du premier empire.

Dublin. Capitale de l'Irlande.

Ducis (1733-1816). Auteur dramatique français.

Duclos (1701-1772). Littérateur et moraliste français.

Duguesclin (1314-1380). Connétable, sous Charles V.

Dumouriez (1730-1824). Général français, qui remporta les victoires de Valmy et de Jemmapes, mais se déshonora en servant les ennemis de la France.

Dupin *aîné* (1783-1865). Jurisconsulte et homme politique français.

Échanson. Officier chargé, à la table royale, de verser à boire.

Écot. Part que paye chaque convive dans un repas à frais communs.

Égypte. Contrée de l'Afrique septentrionale, arrosée par le Nil. Capitale : *Le Caire*.

Erkmann-Chatrian. Noms de deux écrivains contemporains, qui ont composé, en collaboration, plusieurs romans nationaux et patriotiques.

Espagne. Contrée de l'Europe, au s.-o. Capitale : *Madrid*.

États-Unis. Grande république fédérative de l'Amérique du Nord. Capitale : *Washington ;* ville principale : *New-York*.

J. Fabre. Professeur et homme politique contemporain.

Fénelon (1651-1715). Archevêque de Cambrai et précepteur du duc de Bourgogne, fils de Louis XIV. Il avait écrit plusieurs ouvrages, dont le *Télémaque*.

Fez. Calotte rouge servant de coiffure aux Orientaux.

A. Filon. Professeur et écrivain contemporain.

Fleurus. Village de Belgique où les Français battirent les Autrichiens en 1794.

Florian (1755-1794). Fabuliste français.

Fouquet (1615-1680). Chargé de l'administration des finances sous Louis XIV, il fut accusé de malversations et enfermé à Pignerol, où il mourut après dix-neuf ans de captivité.

Franklin (Benjamin). Un des fondateurs de l'indépendance américaine, et l'inventeur du paratonnerre (1706-1790).

Frédéric II dit *le Grand*, roi de Prusse de 1740 à 1786.

Fusilier. Ce mot, qui signifie proprement *armé d'un fusil*, se disait des soldats des compagnies ordinaires, par opposition aux soldats des compagnies d'élite, nommés *voltigeurs* et *grenadiers*.

Gabion. Panier en forme de tonneau, rempli de terre, et servant, dans les sièges, à couvrir les travailleurs.

Gambetta (1838-1882). Homme politique et patriote français.

Garde. Corps de troupe d'élite spécialement affecté à la défense du roi (*garde royale*) ou de l'empereur (*garde impériale*).

Gaule. Ancien nom de la France. Ses limites naturelles, les mêmes qu'aujourd'hui au S. et à l'O., comprenaient au N.-O. la mer du Nord jusqu'à l'embouchure du Rhin ; au N. et à l'E., le cours entier du Rhin et la chaîne des Alpes.

Genève, ville de Suisse.

Geoffrin (1699-1777). Femme célèbre par son esprit.

Gestion. Action d'administrer une charge financière.

Glas. Son d'une cloche qui tinte pour un mort.

Goldsmith (1728-1774). Écrivain anglais, auteur d'un livre célèbre intitulé *le Vicaire de Wakefield*.

Grenadiers. Nom donné jadis à des soldats chargés de lancer des petits boulets, appelés *grenades*. Plus tard ce nom fut donné à certaines compagnies d'élite.

Grimm. Nom de deux savants allemands qui publièrent, en 1850, des *Contes de l'enfance* très populaires en Allemagne.

Guingamp. Chef-lieu d'arrondissement du département des Côtes-du-Nord.

Guttenberg. Né à Mayence vers 1400, mort en 1468 ; inventeur de l'imprimerie.

Halévy (*Ludovic*). Écrivain contemporain.

Haut-Rhin. Ancien département français ; chef-lieu : *Colmar*. (Voir *Alsace*.)

Le Havre. Chef-lieu d'arrondissement et port du département de la Seine-Inférieure.

Helléniste. Homme savant dans la langue grecque.

Henri IV. Roi de France, assassiné, en 1610, par Ravaillac.

Hercule. Héros fabuleux, célèbre par sa force.

Housard ou hussard. Nom de certains régiments de cavalerie légère.

Hugo (*Victor*), né à Besançon, 1802, mort à Paris, 1885. Un des plus grands poètes de la France et du monde entier. — Son père, le *général Hugo*, a fait les campagnes du premier empire.

Imprescriptible. Ce dont nul ne peut nous ravir la propriété.

Incartade. Insulte brusque et irréfléchie.

Inde ou *Indes orientales*. Nom donné aux deux grandes presqu'îles de l'Indo-Chine méridionale (*Indo-Chine* et *Hindoustan*).

Indienne. Légère étoffe de coton.

Intérêt. Bénéfice annuel d'une somme d'argent placée ou prêtée.

Ivry. Village du département de l'Eure, où se livra, en 1590, la bataille entre Henri IV et le duc de Mayenne.

La Jacquerie. Révolte terrible des paysans pendant le règne du roi Jean.

Jaffa. Ville de Syrie, prise par Bonaparte en 1799 et désolée alors par une peste terrible.

Jahn. Célèbre professeur, qui, le premier, a introduit la gymnastique dans l'éducation universitaire en Allemagne.

P. Janet. Philosophe contemporain.

Jean le Bon. Roi de France (1350-1364), vaincu à Poitiers; mort prisonnier en Angleterre.

Jefferson (1743-1826). Troisième président des États-Unis.

Jemmapes. Village de Belgique où Dumouriez défit les Autrichiens en 1792.

Jérusalem. Ancienne capitale de la Judée.

Jura. Chaîne de montagnes, séparant, à l'Est, la France de la Suisse.

Laboulaye (*Edouard*). Jurisconsulte et écrivain français, né en 1811, mort en 1883.

La Bruyère (1645-1695). Célèbre moraliste français, auteur des *Caractères*.

Lacordaire (1802-1861). Illustre prédicateur français.

Lamartine (*Alphonse de*). Né à Mâcon en 1790, mort en 1869; un des plus grands poètes de ce siècle. Il a écrit, en prose, une *Histoire des Girondins* et a joué, en 1848, un rôle politique important.

Lambert (*Mme de*). Auteur d'ouvrages sur l'éducation (1647-1733).

Lamennais (1782-1854). Grand prosateur du XIXe siècle.

de Laprade (*Victor*). Poète contemporain (1812-1884).

La Rochefoucauld (1613-1680). Grand seigneur et moraliste français; auteur d'un livre intitulé *Maximes*.

Leclère. Poète contemporain.

Législateur. Celui qui donne des lois à un peuple, comme *Moïse*, chez les Hébreux; *Solon*, chez les Athéniens.

Lenôtre (1613-1700). Architecte et dessinateur de jardins.

Livre (subst. fémin.). Ancienne monnaie équivalant au franc.

Lorraine. Ancienne province de France; capitale : *Nancy*.

Louis XIV. Roi de France, né en 1638, mort en 1715, après un règne de 72 ans.

Louis XV. Né en 1710; roi de France de 1715 à 1774.

Loyal serviteur. Nom sous lequel le secrétaire de Bayard écrivit la vie de son maître.

Lunette. Ouvrage de fortification en forme d'arc de cercle.

Luther (1483-1546). Fondateur du protestantisme en Allemagne.

Macédoine. Puissant royaume de l'ancienne Grèce.

de Maistre (*Xavier*). Écrivain français, né à Chambéry, 1764, mort en 1852.

Mandane. Fille d'Astyage et mère de Cyrus.

Manuel (*Eugène*). Poète contemporain.

Marc-Aurèle. Le plus vertueux des empereurs romains.

Mantille. Sorte d'écharpe pouvant servir à couvrir la tête ou les épaules.

Marion. Philosophe contemporain.

Marmontel (1728-1799). Littérateur français.

Maure. Habitant de la *Mauritanie*, nom donné jadis au littoral de l'Afrique septentrionale.

Mèdes. Ancien peuple de l'Asie, sur les bords du golfe Persique.

Metz. Ancien chef-lieu du département de la Moselle, au confluent de la Moselle et de la Seille.

Meudon. Village du département de Seine-et-Oise.

Michelet (*Jules*). Grand historien français (1798-1874). Son œuvre principale est une *Histoire de France* en seize volumes.

Mirabeau (1749-1791). Le plus grand orateur de la Révolution française.

Molière (1622-1673) Le plus grand poète comique de la France; auteur de l'*Avare*, du *Misanthrope*, de *Tartufe*, etc.

Montesquieu (1689-1755). Historien et philosophe français. Son principal ouvrage est l'*Esprit des Lois*.

Moscou. Ancienne capitale et ville sainte de la Russie célèbre par la retraite de l'armée française en 1811.

Moselle. Affluent de la rive gauche du Rhin. Elle avait donné son nom à un département, pris, en 1871, par les Prussiens.

Mulhouse. Chef-lieu d'arrondissement du département du Haut-Rhin.

Nicole (1625-1695). Écrivain et philosophe français.

de Noailles. Écrivain français, mort en 1885.

Océan Atlantique. Vaste mer baignant, à l'O., l'Europe et l'Afrique, et, à l'E., l'Amérique.

Jeux Olympiques. Célèbre fête religieuse de l'ancienne Grèce. Elle avait lieu tous les quatre ans.

Orléans. Chef-lieu du département du Loiret. — *La Pucelle d'Orléans*, Jeanne d'Arc.

d'Ormesson (*Olivier Lefèvre*), né en 1610, mort en 1686. Rapporteur dans le procès Fouquet, il opposa une noble résistance aux ministres qui voulaient la mort de l'accusé.

Paliseul. Village du Luxembourg belge, au nord de Bouillon.

Paralytique. Celui qui a perdu l'usage de ses membres.

Pénates. Dieux de chaque famille, chez les anciens Romains.

Perses. Ancien peuple d'Asie, à l'est du golfe Persique.

Pescaire. L'un des plus grands généraux de Charles-Quint (1490-1525).

Philippe. Roi de Macédoine, père d'Alexandre le Grand.

Philosophie. Science qui a pour objet l'étude des causes et des effets des choses. — *Philosophe.* Celui qui fait de la philosophie.

Phosphore. Corps inflammable dont on garnit l'extrémité des allumettes. — *Phosphorique*; qui contient du phosphore.

Picardie. Ancienne province du nord de la France; capitale : *Amiens.*

Pilori. Sorte de machine tournante sur laquelle, autrefois, l'on exposait à la risée publique ceux qui avaient subi une condamnation infamante.

Plouisy. Commune de l'arrondissement de Guingamp.

Plutarque. Écrivain grec du IIe siècle après J.-C. Il a écrit les *Vies des hommes illustres* de l'antiquité.

Pologne. Ancien royaume d'Europe, ayant pour capitale *Varsovie.* Il fut, à la fin du siècle dernier, partagé entre la Russie, la Prusse et l'Autriche.

Pourcet (*Général*). Commissaire du gouvernement auprès du conseil de guerre qui jugea le maréchal Bazaine.

Prouesse. Action d'éclat. (Ce mot vient d'un ancien mot, *prou*, qui signifiait *beaucoup.*)

Provence. Ancienne province du midi de la France; capitale : *Aix.*

Prusse. Royaume d'Allemagne; capitale : *Berlin.* — *Prussien*, habitant de la Prusse.

Pyrénées. Chaîne de montagnes, formant, au sud, la limite entre la France et l'Espagne.

J. Racine (1639-1699). Célèbre poète français, auteur de *Britannicus* et d'*Athalie.*

Ratisbonne. Poète contemporain.

Rescousse (*à la*). Cri pour demander du secours.

Rhin. Fleuve d'Europe, dont la source est en Suisse et l'embouchure en Hollande. Jusqu'en 1871, il servait, pendant une partie de son cours, de limite à la France, du côté de l'E.

Richelieu (1585-1642). Ministre de Louis XIII, et l'un des plus grands hommes d'État que la France ait eus.

Rollin (1661-1741). Célèbre professeur, auteur du *Traité des Études* et d'une *Histoire ancienne* estimée.

Rome. Ancienne capitale de l'empire romain, capitale actuelle de l'Italie et résidence des papes.

Rouen. Chef-lieu du département de la Seine-Inférieure; patrie du grand Corneille.

J.-J. Rousseau (1712-1778). Prosateur et philosophe français dont les idées ont exercé une grande influence sur la révolution française. *L'Émile* et le *Contrat social* sont ses principales œuvres.

Russie. La plus grande des contrées de l'Europe; capitale : *St-Pétersbourg.* — *Russe*, habitant de la Russie.

Saint Augustin. Célèbre Père de l'Église (354-430).

Saint-Cloud. Village du département de Seine-et-Oise, célèbre par son parc et par son château, que brûlèrent les Prussiens en 1871.

Saint Jean Chrysostome (347-407). Père de l'Église, célèbre par son éloquence, qui l'avait fait surnommer *Chrysostome*, c'est-à-dire, en grec, *bouche d'or.*

Saint-Marc Girardin (1801-1873). Professeur, littérateur et homme politique français.

Saint-Simon (*duc de*). Grand seigneur, et auteur de *Mémoires* historiques célèbres (1675-1755).

Sauf-conduit. Permission que donne un général, en cas de guerre, de circuler librement sur le terrain occupé par ses troupes.

Sceptique. Nom donné à ceux qui affectent de ne croire à rien.

Schiltigheim. Village de l'ancien département du Bas-Rhin, à 36 kilomètres de Strasbourg.

Schlestadt. Chef-lieu d'arrondiss. de l'ancien département du Bas-Rhin.

Sedaine (1719-1797). Poète dramatique français.

Seine. Fleuve qui passe à Paris.

Sénèque. Ecrivain et philosophe latin du Ier siècle ap. J.-C.

Silvio Pellico (1788-1854). Littérateur italien, auteur d'un livre célèbre intitulé *Mes prisons*.

Simon (*Jules*). Philosophe et homme politique contemporain.

Socrate. Célèbre philosophe du Ve siècle avant J.-C. Il fut mis à mort par les Athéniens, ses concitoyens, qui l'accusaient de vouloir changer la religion nationale.

Sparte ou *Lacédémone.* La plus illustre ville du Péloponèse (aujourd'hui presqu'île de *Morée*, au sud de la Grèce). — *Spartiate*, habitant de Sparte.

Steenackers. Organisateur du service postal et télégraphique entre les départements et Paris assiégé, pendant la guerre de 1870-1871.

Strasbourg. Ancien chef-lieu du département du Bas-Rhin, sur l'Ill, affluent de la rive gauche du Rhin.

Syrie. Contrée de l'Asie occidentale, sur la mer Méditerranée.

Terreur. Nom donné au régime qui pesa sur la France depuis la chute des Girondins jusqu'à la mort de Robespierre (27 juillet 1794).

Théologie. Science qui a pour objet l'étude des dogmes religieux.

Thiers (*Adolphe*), né en 1797, mort en 1877. Historien, homme d'Etat, président de la République française en 1871. Il a écrit une *Histoire de la Révolution française* et une *Histoire du Consulat et de l'Empire.*

Tranchée. Sorte de fossé creusé devant une place assiégée pour protéger les assaillants contre les feux de la ville et leur permettre d'approcher des remparts.

Tuileries. Ancien palais des rois de France, commencé en 1564 par l'architecte Philibert Delorme, brûlé pendant la Commune, en 1871. Devant s'étendait un parc, dessiné par Le Nôtre en 1665, et qui subsiste encore.

Uhlans. Nom d'un corps de cavalerie dans l'armée allemande.

Uhrich. Général français, qui commandait, en 1870, la place de Strasbourg, assiégée par l'armée allemande.

Université. Corps de professeurs, établi pour enseigner les lettres, les sciences, le droit et la médecine, et obéissant à des statuts communs.

Versailles. Chef-lieu du département de Seine-et-Oise. On y remarque un vaste château et un beau parc qui datent de Louis XIV.

Vétéran. Se dit des soldats qui, après un certain temps de service, étaient admis dans des compagnies chargées d'un service spécial.

Viennet (1777-1868). Poète et fabuliste français.

de Vigny (*Alfred*). Romancier et poète français, né à Loches en 1799, mort en 1863.

Villemain (1790-1867). Professeur, écrivain et homme d'État français.

Virer. Aller en tournant tout autour.

Virus. Sorte d'humeur, principe des maladies contagieuses.

Voltaire. Né à Paris, en 1694, mort en 1778, après avoir exercé, par ses écrits, une influence considérable sur les esprits du XVIIIe siècle. On a de lui des poèmes, des pièces de théâtre, des livres d'histoire, des ouvrages de philosophie, des romans.

Wagram. Village d'Autriche célèbre par une victoire de Napoléon en 1809.

Washington. Fondateur de la république des Etats-Unis (1732-1799).

Waterloo. Village de Belgique où Napoléon fut vaincu, le 18 juin 1815, par les armées coalisées de la Prusse et de l'Angleterre.

Werder. Général commandant l'armée allemande qui assiégea Strasbourg en 1870.

Wissembourg. Chef-lieu d'arrondissement de l'ancien département du Bas-Rhin, où nos armées subirent leur première défaite, au mois d'août 1870.

Zadig. Nom du principal personnage d'un des romans de Voltaire.

Zéphyr. Vent doux.

TABLE DES MATIÈRES

DEUXIÈME PARTIE

PATRIE

Coulommiers. — Typog. P. BRODARD et GALLOIS.

www.ingramcontent.com/pod-product-compliance
Ingram Content Group UK Ltd.
Pitfield, Milton Keynes, MK11 3LW, UK
UKHW031848260826
14628UKWH00002B/668

9 782019 149987